北京市民委古籍办古籍整理项目

英轺日记

（上）

载振◎著

民族出版社

英轺日记共分十二卷，内容为清朝光绪年间镇国将军载振出使外国时的所见所闻。

光绪二十八年（1902年）夏，英国君主在伦敦加冕，英国外务部邀请清朝派员参加加冕仪式。光绪皇帝随即派大臣固山贝子即当时的镇国将军载振为专使远赴英国参加加冕仪式。同时，应比利时、法国、日本等国邀请，还前往上述各国考察。

载振一行由北京启程，途经南洋各岛，过印度洋至地中海，行程八万里，历时半年有余。沿途他都以日记体详细记录了所到之处的风物人情。英轺日记尤其在考证研究各国政治、学术、律令典章以及商务工艺等方面有独到之处，更有别于同时代其他出洋日记。

鉴于此书特殊的历史价值，从挖掘、抢救、整理和保护民族古籍的角度出发，我们将此书分两册以影印的形式正式出版，以期发挥它应有的作用。

北京市民委古籍办

二〇一〇年六月八日

英軺日記序

光緒二十有八年夏五英國君主愛惠將加冕於倫敦先期外務部聞於

朝

天子發璽書簡專使福事賀慶於是載振遂奉出使英國之

命兼應比法美日諸國之請周爰彼邦張旟以出封軺而返經途八萬里爲時十七旬滂滂地圓隨日以行左旋一周極西極東丹穴空桐仁智信武禮俗敎治殊尙異嚮恢越視聽怵然服念於

九重憂勤劼毖鑒觀求莫之盛心通變宜民神化丹青寄耳目於膚使咨才咨事咨義咨親緊政語所賴徵獨宣德諭指說山名物而已於時僚寀有見聞輒

譯有誦述削牘既多裒錄成帙迺復綜而論之曰倫敦在西海之壖孤懸三絕島而輨轄五洲吸收宙合之精華都市殷賑鴻紛瓌瑋舉天下之財政家製造家工藝家商家農家外交內治家靡不集聽矚於斯權低昂於斯彼都人士乘堅而策肥高步而遠視崔構閎九天陶復洞九淵颷軌電郵呼吸萬里誠上帝驕子倮屬之幸民哉其政策和而堅善動而能靜屈羣策不殫厥力其民樸屬勤於事綦豁浩宕而尊上親長服從於法律其風俗外希驁內善葆光重學而輕教起十七世紀以迄今茲三紀有勝非幸也數也巴黎恢恢冠絕西歐林麓翳蔭萬物棣通士女遨嬉談辭掞張議堂擴千步民政所宗其氣憍其學說日新其民英時自憙而心志發揚方時國社鬨逐教徒汎

淵毆魚鄰國爲壑夫彰善癉惡品物恆情曷玆壯佼標宗樹異歐人懲昔禍有戒心焉自西徂東所不能不三致意也美利堅洲於歐視爲西於亞視爲東名城大都星綴岳峙天產軋茁地寶湧盈藝學引綴利主攻工舟車亘亥步朱圭猗頓比戶可封合衆國以之越坎拿大山而西其間堂密美樅田疇剟畫黃冠草服氈帳穹廬極目窈窱熙熙然有邃古初風焉天留奥壤厭飫白民迺不免有形茹神忩椎結憹墨者雜處其中種族之蔽人權之畸不已酷乎日本聰强模範以爲良用兄英師德自奮東方行觀其庠序則子衿青青被服德行方領矩步慮憲求善良行察其主藏則地用人用井井秩秩經制出入準平靡失其心競於學界也其尙武而日省於國力也其作新不已

而不破糅其國粹也東方之美者倫常秩序君師將相密自保持旋觀齊州英俊案飾謹謹翫心羅福齊以苦言之藥不至挾策而亡其羊已凡茲四大善舞劇場一縱一橫或翕或張巧算不可窮離朱亦迷方載振旣馮軾觀之而倫敦旋軔之初先至比利時國之博閭賽都城厥民殷析殫精工藝比主黃髮髟髿手持一篇研研講議若無預於歐洲戰國策者荷蘭遺俗謐康若茲其持弱之道乎其將何人之不見有所得乎夫民生而有血氣則爭爭而不已則困困而猶不能不爭且行求所以善其爭者而開化之術出焉進步之程偉焉歐美兩洲自十七紀之末磅礴扶輿更師迭長與時王相要靡不履繁霜而凜堅冰鏡前車而修來軫諸國之跡燦然已歛惟我

皇太后
皇上保合太和建中於民順時消息自
六龍旋蹕以來損益因宜
詔書屢下風聲樹於上輿謣懽於下方今官守其度士勸其學工農商師講於野兵技巧家興於軍百廢舉廞作事謀始日積而月累固將月異而歲不同自玆以往歐亞學界之中我庠士其且競勝於理化乎我政家其競勝於經濟乎我兵家其競勝於武力乎我農工商其競勝於產殖乎夫傾者易之復否者泰之來載振誠不敢爲譸言而泰西智士之言其期於我國迺有過我自期萬萬者輒以臥薪嘗膽之心爲拜手颺言之頌當世君子其或不鄙乎斯

言

大清專使英國大臣固山貝子銜鎮國將軍載振謹序

凡例

一是書分十有二卷由北京啓程赴滬由滬放洋歷南洋各島過印度洋至地中海爲第一二三卷由馬賽赴英住倫敦爲第四五六卷住比京爲第七卷住法京並由法啓程過大西洋爲第八九卷住紐約並由美啓程經溫哥華過太平洋爲第十十一卷住日本由馬關回京爲第十二卷

一是書仿黃氏日鈔顧氏日知錄體紀事之餘稍參論議大抵英詳於商務及學校諸事比詳於製造工藝法詳於議院各衙門制度而於教務必持之斷斷美詳於各部章程及其地方自治之法日本與我地處同洲其則不遠故於憲法等事並加研究而於教育之法尤三致意焉

一是書所紀各國章程條例一切均從各本國訪求譯錄其有曾經前人紀載者卽不復著錄以免剿說雷同之誚

一經過南洋各島及印度洋地中海時俯仰陳迹盱衡世變均有實事可紀至大西洋太平洋則莽蕩靡涯亹聞罕漫故仍紀法美兩國事實以免蹈空

一張騫使西域具言地形輿地之學由來尚已是書釋地稍從簡畧者以有新化鄒代鈞西征紀程考證極審是以不復詳著至於山水紀游則略仿柳子厚文體不尚麗藻惟運神思庶俾讀者有情滿於山意溢於海之致

一出洋日記近人所著首推郭嵩燾之使西紀程薛福成之四國日記第郭

書簡略未經完備薛書則多係紬繹報章無關宏誼是書宗旨務在考求各國政治學術律令典章旁逮商務工藝冀以立青出於藍冰寒於水之基礎故於洋報譯錄甚尠蓋覘國之要固當識其大也

英軺日記卷一

光緒二十七年十二月十二日奉
命派充專使英國頭等大臣致賀加冕翼日又奉
恩旨賞加貝子銜竊念載振束髮誦詩未諳專對叨承喬蔭得沐
殊榮此行固爲典禮所關亦藉以恢擴見聞增長學識感幸之餘彌深悚惕當敬
謹具摺謝
恩訖
二十四日呈遞
奏調人員摺計調參議官二品銜　記名簡放直隸候補道梁誠參贊官四品

銜外務部員外郎卽補郎中汪大燮二品銜　記名道楊來昭二品銜候選
道黃開甲四品銜外務部主事卽補員外郎唐文治二品銜　記名道陶大
均繙譯官前北洋海軍參將揚勇巴圖魯吳應科四品銜候選主事劉式訓
五品銜候選縣丞潘斯熾凡九人自後迭與各國駐京使臣拜晤往還諸使
雅重邦交均有請赴各本國游歷之意因擬俟英倫禮成後自西徂東由歐
達美由美返亞庶得考驗各國政治藝術以爲採風之助

二十八年二月二十二日
陛辭已刻
召對仰蒙

聖懷廑念遠程
訓勉有加莫名欽感謹將出京日期及游歷各國程途逐一奏明是晚英國駐京
使臣薩道義設讌於使館作餞
三月初四日恭賫
國書率同參議官粱誠參贊官汪大燮等至正陽門東火車棧啓行車馬駢闐
送者萃集酯邸暨那侍郎桐深致殷勤問途已經獲益匪尠英使薩道義日
本使內田康哉均登車話別一以東道之情一因同洲之誼道左周旋彌徵
親密歐亞風俗雖自不同而崇尚交際嫻習禮文因之以講信脩睦固無二
致也驪唱催人駪征遂賦巳正一刻客散開車旣深戀

闕之私復念過庭之訓輶軒獨坐棖觸於懷申正抵天津英領事威金生來見

酉正抵塘沽登招商局安平輪船

初五日寅初開輪卯初至大沽口時値海潮方漲一望瀰漫而水淺沙高舟行甚滯溯厥原委蓋永定河上游爲桑乾河導源晉北挾沙而行至析津之三坌河口會白河鳳河諸水東南流入海昔時水盛刷沙停滯日僅微積比年以來永定漫口治河者多開引河以殺水勢繇是水力浸弱又經七十二沽盤紆繚曲積久淤墊潮汛灌注甚微退勢愈緩迨抵口門湛灤分渙不能挾以遠行口外停沙里許深處僅九尺輪舶出入不便馴致貨物壅滯而商務困諸沽水益淺支河不能開盛潦無所宣洩而農務困誠能用西國機器

挖沙之法大加濬治不數年後可期通暢徵特商務樞紐所關實識輔水利所恃以爲基礎者也申刻過山東廟兒羣島島大小十五座數南北分列爲黃海與直隸海兩戒之間最北爲北城隍島距老鐵山頭二十二里西南距萊州海岸約六十里以地勢懸空海程散漫經營臺隝差有未宜然東連旅順西接威海衛拱衛津沽固渤海之要衝也戌刻過煙臺亥刻過威海衛煙臺口外有小山一形似孤峙卽成山其西六十里有陸岸前伸如舌與登州北岸接名細沙頸自東南迤西北長五里毗近有島曰之罘高九百八十尺其對岸卽煙臺山也距成山西二十三里曰劉公島東西兩面爲港之二口威海衛在其西岸近數年來英人於此募兵設防不遺餘力其用意固爲深

遠第以睦誼而論則完璧歸趙自必不爽其期前事不忘後事之師愼毋昧於求已也

初六日未刻過黑水洋遙見濃煙一縷繚繞天邊旋見有船桅高出水際又少頃全船畢見船主云此船速率力較大追及同日煙臺所開之船此際波平如鏡目力所窮四陲漸偃因知地圓之説爲不誣也

初七日卯刻過蛇山山爲崇明縣屬島縣志謂是島昔無居民康熙間有賈人浮海始履其地今則輪船時經閱一二時許卽可達滬足徵地利之闢雖關運會實藉人功已刻抵吳淞港港長六十里爲揚子江分支亦曰黃浦江北岸有淺灘巨舶入水深者皆迤南岸駛入兩岸臺壘相望惜地勢平衍難於

扼要旋即停輪上海道袁樹勛等來見副總稅務司斐式楷放海關開辦巡輪來迓並稱英兵預備在英工部局碼頭排隊迎接爰於申初易坐小輪登岸工部尚書呂海寰工部侍郎盛宣懷等在彩棚跪請

聖安禮畢即赴斜橋之洋務局駐節接見在滬各官及在滬紳商

初八日英國領事班德瑞副領事慈必佑來見並稱其總領事霍畢蘭抱病未克躬詣行轅深致歉仄是時各國駐滬領事法國巨籟達德國克納貝俄國闊雷明美國古納日本岩崎三雄丹國厲克司密甫比國薛福德義國聶臘濟尼奧國柯次辣葡國濮瑞滬關稅司好博遜副稅司李蔚良博祿多造册稅司戴樂爾夏立士洋文稅司義理邇漢文稅司威禮士均先後來見江

漢關稅司賀璧理因隨辦商約在滬日本陸軍馬兵少佐今井直治通譯勳八等過鐘太郎亦俱隨班來見竟日周旋頗形楝[illegible]戌刻呂尚書盛侍郎暨在滬各官公讌於味蒓園奏西樂以侑酒英國議商約使臣馬凱並各領事等均在座中西共三十餘人

初九日英國提督傑美斯何樂章美國提督黎富思法國駐華陸軍總統凡勒脫等先後來謁午刻英領事班德瑞請讌於領事署特派砲隊護送迨抵署時又遣步隊迎接篤念邦交意殊周至申刻江蘇巡撫恩壽以閱兵過滬詣行次跪請

聖安禮畢留晚膳考查揚子江發源西藏崑崙山其流東達滇川鄂湘江西安徽

江蘇等省而注於太平洋不獨形勝險要以貿易而論實商務絕大一戰場也顧中商貿易往往不逮西人者揆厥所原西人多設商會上下之情通中國狃於舊習官商之氣隔西人成本鉅其力足以持久中商營運微其氣不足以萃聚故也昔管子論海王之策不外揆度輕重唐劉晏善理財不外周知四方之物價誠能握盈虛衰旺之數善爲維持則中國之富可翹足而待矣

初十日日本議商約大臣日置益小田切萬壽之助來謁申初刻赴各處洋行畧一游覽晚赴英國議商約大臣馬凱之讌在座約五十餘人修改商約一事

特簡呂尚書海寰盛宮保宣懷與各國訂議中國商務英爲巨擘故羣推英使馬凱爲領袖惟所交二十四款各有注意之處聞美國意在雜居內地日本意在華米出洋免釐一節歐美雖有同心然觀於光緒二十五年英提督貝思福所著保華全書詳載各口英商陳說知此事英爲獨重故馬使所交各款均於極瑣細中暗寓擠我釐金之意使我不免自免迭次會商無非叮嚀小節幸呂盛二君心知其意外務部復電二君盡力堅持必先允我加稅方可開議他端於是二君告以如允加稅則諸款方可徐商馬知我窺見隱微始漸就範惟從前有稅之貨約可加至值百抽十五煙酒食物之類仍祗允值百抽五不肯能一律抽收否竊思稅釐爲各國自主之事煙酒尤爲各國徵

稅最重之物獨我以載入約章致多窒礙揆諸公理叚有未安雜居一節在各國原無分彼此我以刑律不同之故僑居客民不肯受我管束繇是川壅而潰傷人愈多在我方深掣肘之虞在彼已兆剝膚之痛種種流弊俱萌於此呂盛告以僑民受轄必許雜居彼有難色而堅詢我國改律何日就緒比年各國皆以開通中國爲言雜居之說縱使獲已亦當在先事綢繆之列竊願爲士師者斟酌中西早編定本使彼無所藉口庶幾編氓悉隸不獨消患無形且從前教案受禍之深亦可從此稍減至華米出口與洋鹽進口皆有損於民生民生蹙則內亂生商務將不可問固不徒中國之害也

十一日申刻赴副總稅務司裴式楷茶會中西男女賓客約百餘人戌刻赴

日本正金銀行長鋒郎之讌日本議約官日置益小田切萬壽之助均在座
酒半小田切舉杯稱頌詞意頗殷當答以中日係同洲同文之國交誼益加
親睦此次本爵大臣奉
皇太后
皇上簡命俟赴英國賀加冕禮成後卽當赴貴國通問順便考驗一切云云蓋日
本邇來勵精圖治學術日新至其講求憲法尤爲精要憲法者實卽中國春
秋之書尊王之旨卑高以陳貴賤以位明此義則名位秩然横議邪說不禁
自絕秋間東瀛返旆必須詳加探討也
十二日午初赴英國兵官司達雷閱操之約司先派舢板在碼頭迎候屆時

登舟各兵官佩刀水師兵持鎗奏樂少頃樂止司指二兵官通名額手相見畢導引周歷船面船兩旁排列快砲八尊砲子每重百磅又間以小砲六尊舵樓二重緊相接前爲平時航海之用周以木房後卽開戰時所用周以鋼板三面容光處僅玻璃一小方居中有輪所以展柁左右列測量儀器各一以量敵船之方向儀櫃之旁各懸得律風以發令使攻敵有準船面懸雷艇一快船一行軍陸路快砲快槍無不備少頃入餐房獻茶飲畢司請閱操俄而吹號各兵往來如織咸就本位又吹號則各砲位左右俯仰旋轉如風開砲門出舊子入新子頃刻啓閉數次俄而作船身受傷狀則各兵解大帆布懸之入海以偃水俄而作兵受傷狀則數兵維之以板抬入艙俄而作受砲

火發狀則各兵挾水機以息火俄而作魚雷來攻狀則各小砲俯仰以擊之俄而作兵墜入海狀則數兵繫繩懸銅圈以救之其平時之備禦周故臨時之策應速演畢復進餐房茶敘仍坐舢板登岸兵船演樂聲砲致送未刻滬上紳商公讌於澄衷學堂堂爲葉道成忠捐貲創建講舍宏敞生徒二百餘人年最長者十六歲最幼者七歲分班進謁彬彬有禮因勗以

朝廷於教學一事極爲注意此堂規模鞠具程課秩然殊堪嘉尚諸生勵志劬學務期淹貫中西明體達用以備異日棟梁之選達材成德道在養蒙諸生其勉旃因書楹楔權輿匾額並跋數語以贈之是日呂尚書盛宮保皆在座盛係會辦商務因令商董嚴道信厚朱道寶奎毛道祖模等謁見中國商情渙

散𤠣於近利每因鷸蚌之爭坐使漁翁得利近於滬上設立商會藉通彼此之情倘能障礙一空庶商務日有起色因以上下一心通功易事盡力維持爲諸商勉勵數言酉初始散

十三日未刻至高昌廟閲機器局總辦毛道慶蕃導引周閲凡爲廠四曰鎗廠曰砲廠曰生鐵廠曰熟鐵廠鎗廠所製係後膛林明敦黎意快利等鎗現添購機器仿鄂局式改造小口徑新毛瑟鎗其口徑鎗身子彈悉與鄂局相符砲廠所製以銅殼裝藥新式快砲爲最計六種內一百磅子四十磅子六磅子三種便於輪船砲台十二磅子三磅子兩磅子三種便於陸路行軍生鐵廠所造有機器若汽機汽筒飛輪之屬有器具若熱爐鐵架轆轤之屬有

軍械需用之件若砲架及礮雷鐵墜之屬有廠屋需用之件若鐵柱鐵墊及鋪地鐵板之屬熟鐵廠所造有機器需用之件若偏心灣軸夾箍及各式扳手銷子起子螺絲之屬有輪船需用之件若挺桿搖桿汽罨桿天遮架柱之屬有鎗手需用之件若護手弓機簧管坯挑簧之屬有砲位需用之件若礮塞礮耳架扳手礮架鈎之屬所用之鐵七成用中國礦產三成購自外洋製器則視所宜配用之廠中能修船不能自造以船塢陿隘河小水淺故也近年推廣能造鍋爐及總機器上年四川設機器局其總機即此廠所造規模較前開拓多矣

十四日辰刻拜發陳報放洋日期一摺並鈔稿咨外務部申初三刻率參隨

各員由洋務局啓行先是赴塘沽時李道經楚來見請附安平輪船至滬李道爲原任大學士文忠公之姪兩廣總督勤恪公之子也舟中接談言論開敏至是因續調爲申正抵馬頭吕尚書盛侍郎恩中丞暨英使馬凱英新任總領事滿思斐英駐滬總統兵官日本議約官小田切等均在海關碼頭相送裴副總税司仍備開辦巡船送至吳淞南北洋海軍各輪俱聲礮致送申正三刻登噴角公司船名班哥而原定公司船名奥士地利亞抵滬始知該船向往來錫蘭島至馬賽之間中國及南洋海别有公司輪船接替故登是船詢知船主名樊倫梯尼船長四百英尺寬四十英尺噸重四千六百噸速率英海里十三里有半現喫水深二十三英尺船主一人大二副等共五人

司機七人由上海至錫蘭往來已多年矣北洋海軍統領葉祖珪副統領薩鎮冰來見請赴海圻兵輪閱看砲位因單舸往視此船與海容船均於戊戌年在英廠造成船桅有臺二重可發機砲以攻遠船頭置三百磅開花子快砲一座右有電機一人以足踐機則數千觔之砲上下左右無不如志兩旁列一百磅開花子快砲十二尊又小快砲二十一尊艙中有藥庫有子彈庫小彈以櫝儲之每運一櫝得子二十枚大彈之庫卽在大砲位右旁艙口周小鋼板艙中設轆轤懸二桶以運之葉祖珪言此砲旋轉甚捷施放亦極便利所惜運子稍遲未免有停砲候子之弊能設法改速方無遺憾云管帶薩鎮冰曾在北洋水師學堂肄業以高等畢擢今職辦事認眞爲海軍未易才

船中水師三百餘人整齊嫻熟以視前日所閱英國師船無不及也惜時已薄暮未及操演匆促返英公司船已列饌候晚餐矣北洋水師凡七船現在福州者二在高昌廟船塢者二在吳淞口者三海圻其一也船堅器利且係新式惟無大鋼甲船且船少未能成軍故暫寄南洋各口停泊云

十五日卯刻出吳淞口南午刻抵浙江洋面未初烟霧四合舟行緩頻放氣擊鐘以警來船未正霧甚有風因停輪戌初雨作霧止復起輪夜色蒼茫遙見島嶼縈廻詢之則舟山也未幾見鐙塔甚近知爲定海港各島其最向西者曰螺頭距螺頭東一里曰摘箬山距四里又四分里之一曰白龍山螺頭北列島最向西者曰馬秦山迤東曰盤嶼山又東曰鰲山此外小島甚夥潮

流迅疾並多隱石至螺頭與馬秦山間曰馬秦水道與穿鼻間曰螺頭水道俱便停泊又北曰大衢山小衢山又北曰岱山綜攬形勢慨然想見道光二十年之役海水沸騰驚霆不測論者多謂舟山地險易克難守不知險者地而所以設險者人周易習坎之大象曰習敎事敎事者練水戰廣汎地通斥堠而已綢繆牖戶經訓昭然其可忽諸

十六日早過石浦海面案石浦港在牛頭山西西面有水道口可通三門灣南面由黎民島西面以通三門灣港北岸有石浦城自石浦海岸曲折向北二十五里至象山港口有數小島水淺不能避風光緒十年法兵船邀擊援臺兵輪澄慶馭遠兩船遂沉港內午刻入閩海考全閩之形勝以厦門爲樞

紐其西南曰鼓浪嶼周約數里出海面二十餘丈四周多石又有石嘴自嶼東南伸入海半里許近日本諸國請將此嶼闢作租界然金厦海防綱維於是亟宜明定妥章以保我自主之權也此外如長岐馬祖諸山暨海壇鎮俱險要處

十七日出閩海入粵海過南澳鎮之南案南澳以東西計長十二里半以南北計最寛處約五里許在潮州饒平縣東南峯高一百七十丈至一百九十丈漁舍鱗比不產植物南澳西角曰快傳角其南有流沙淺灘午後天氣較熱可服紗縠蓋距溫帶益近也西人嘉導理介參贊廣開甲來見送呈育才書社章程一冊嘉饒於貲捐金四萬元於粵省創設學社取名育才專課中

國子弟其章程十八則頗有條理末則云書社之名目與創設之原意不得更改凡書社所設之學塾必不得兼教傳教課程亦永不得歸屬教堂干涉教門之事此條極有斟酌蓋教務根源肇自墨氏讀尚同明鬼諸篇迹象昭然已可槩見摩西十誡特彼教中之糟粕惟其保守靈魂之說實得釋氏豁然頓悟之宗而於莊子所謂至道之精窈窈冥冥抱神以清形將自正者庶幾相近我中國聖賢久已辭而闢之歐西傳教之士輙欲以此危言聒而與中國士夫語恂愁者因以致疑狡黠者轉相託足此人心之所以日漓而天下之所以多故也昔班孟堅論諸子皆六經之支與流裔庸詎知學問之道徑涂貴博宗旨宜嚴嘉導理以西人設中國學社獨能以不傳教爲本斯其

所見高出於利瑪竇艾儒畧輩殆數等矣因書功超利艾四字匾額贈之不徒奬勵其事葢嘉其能知正學也

英軺日記卷一終

英軺日記卷二

三月十八日巳初刻抵香港埠發外務部電一件港督派中軍來迎並請午餐午正率同參議官梁誠參贊官黄開甲乘港督所派小輪登岸赴將軍公館之讌蓋正任港督請假回國攝篆者爲將軍格思可言也將軍迎於大門外與行握手禮偕入正廳見其夫人英駐防副將之夫人暨英遠東水師提督水師左右翼長水師司令官陸軍司令官漢文參贊匯豐總行總辦警察署總辦華民政務司均以次行鞠躬禮末初入席爰詢以港屬之廣袤港督曰港屬爲英方里者三十五邁九龍爲方里者三百五十邁港地倚山爲廬分三環上環居西人中環爲西市下環爲華市又詢以戶口之繁庶港督曰

港地華民約二十五萬九龍華民約十萬兩處西人不過三千合陸兵不過八千人兵船游弋無常故水師人數不能以約舉又詢以刑律之輕重港督曰輕者罰鍰重者科以苦工石工木工視所宜成童以上罹法者使習一藝溺嬰者繯首拯死者重賞鞭笞罕施以養其恥又詢以教養之規制港督曰官學不取膳不給獎不分中西卒業者給照商民子弟爭赴焉故費無常又詢以商稅之出入港督曰英於此埠稽而不征核其商本約英金五京鎊有奇核其重率約英權一京五兆六億墩有奇英船載運者强半他國及華船載運者弱半談次已申初舉盞與辭港督言太平山為港埠清幽處不可不游已派印捕為前驅因往登山有火車候於途車式如常以輪夾鋼繩而行

山半有機房繩內旋則車上外旋則車下火車盡處去平地千餘尺下車有肩輿候於途登之逶迤而前距山巔數百尺輿阻徒行熱而渴土人爭獻茶稍憩拔步直造峰巔山亭巍然爰暫止足舉目四顧一望無際雲生肘下清風徐來披襟當之塵熇頓滌俯視市舶鱗集如繪海波凝碧淪漪生紋遙見遠岫浮空霧迷山腹蓊薆蕩漾隱現分明因念古人登高能賦寄託晤言詎如劉勰所云形在江海心存魏闕況陟岵陟屺之感更有結轖弗諼者耶侍者解佩刀畫名亭楹時已申正赴華商公所茶會接見商董首事道員馮華川譚乾初温灝中書陳始昌知府廖維杰等考香港華商之業以南北行爲大宗承運南北貨物握往來之樞近年設此棧者多至二百餘家非鉅貲不

能立或獨貲或合股上者一二百萬中下亦八十萬以上次則保險公司專保水火各險往歲不過三四家近增至十餘家商本亦各百餘萬或聘用司理人或鳩集股本必延律師定合同簽押後呈於有司錄副存案其貲本必覈實否則立遭駁斥每月每百金納一錢三分於官有司以時稽之知其出入之數故司理人及股東俱不能爲僞以肆吞併設有不平之事商董集同行於公所各抒所見議定咸輸貲延律師控於官官不得因中西之故有左右袒故自立商會華民爭回權利不少其首事歲一舉先期函其名投於櫃屆期發之以舉者之衆寡爲定總理亦得聯任其分理或書記任滿則去不得聯閱歲可再舉此法採自西人行之無弊其稽核嚴其聲氣通本實利豐

爲亞洲商埠之冠譚乾初云比年西人考察全球商務之盛英之利華埠爲第一而香港次之前數年之香港瞠乎居後今則駕紐約金山而上之英人保護開通二法循環爲用歷數年後或並勝於利華埠未可知也因思吾華商業繁盛昔推上海今余周歷二埠細察情形綜言其消長之數上海之商情渙香港之商情聚上海之商力微香港之商力厚上海之商本貸於人其權爲銀行錢莊所操香港之商本出於己其事爲有司律師所悉一實而一虛一先而一後一隔而一通一遲而一速此勝負之所以相懸也今滬上初設商會倘能仿香港之法行之則折閱倒閉諸弊或稍稍息乎公所廳事懸醕邸小影一衆商爲余言上年醕邸駕臨時所照請余亦映一照以伸景仰

余允之並勖勵數言致謝歸舟

十九日辰正三刻英駐滬水師提督裴理治副提督格倫非來拜已正三刻英署督格思可言來答拜寒暄數語並謝昨日之讌午初裴理治遣小輪請閱兵船因率梁誠汪大燮楊來昭黃開甲吳應科往焉登舟奏樂船主史閣忒帶見各兵官如申儀詢知船名臺里勃而船長五百四十英尺寬七十英尺入水三十九英尺載重一萬五千墩馬力三萬匹速率每小時行二十三海里需煤三百六十墩前後桅四支有臺二重臺儲機器砲所以擊遠使敵船不得近已船首安十二寸口徑快砲一彈子每重三百五十磅每一分鐘可三出周以鋼甲形如龜背俗稱爲龜背鐵塔是也甲內容四五人機器盡

敏每出子能以人力俯仰之欲左右旋則用電氣運之船兩旁列六寸口徑快砲十二尊船艙凡六層二層船主房客房餐房將校房皆極修潔三層爲水兵起居之所左排長桌每容十二人各兵就食於此右列長架每格儲臥具一寢則舒之起則卷之近船首處爲牢獄兵有過則置此四層無窗白晝用電燈知已入水左右列長衖長三百英尺旁排列各砲機簧以備砲位有損立時修理數武間有井懸機以達頂起落甚捷五層有造冰機房一餘以儲火藥皆用鐵櫃四旁皆儲煤以防受砲火發不遽及火藥也六層儲水電並發雷機砲用時以氣壓之又有皮筒儲空氣以備用水雷入水自行六千尺在三千尺內速率甚猛百發百中過此則雷尾雙輪爲水力所阻行稍遲

而砲綫亦或有偏倚矣閱竟就廳事茶敘略譚知此爲英水師第二隊提督裴理治所統東方水師船凡四十一快船皆狹而長故行捷鐵甲船闊而短故行緩鐵甲所以保巡快魚雷各船必相輔方成一隊此船爲快船之冠載水師九百人水兵打靶每百出可中八十英特之戰曾到非洲前年到天津三年更番調換七日一出巡云瀕行奏樂如初未初回公司船啓椗出口二十日經瓊州海瓊州一島孤懸海外府城北有口岸曰海口與徐聞之海安相對稅務司設關於此爲往來要津所屬十三州縣環列海邊黎民盤踞中央外爲熟黎恒與居民通貿易內爲生黎性情獷悍言語不通不辮髮不納賦衣飾不分男女行疾於飛時出爲患水土尤惡山木多檳榔花開時瘴

霧四塞中之生疾故自漢迄今二千餘年黎洞老巢人迹罕到鄂督張之洞督粵時黎民蠢動張遣兵運巨礮開四達之衢於山中東西南北得以徑行自是瘴氣差減然無兵鎮攝行旅慮深入或遭不測仍繞邊縣行郡向有鎮道駐紥內以防黎外以防海從前規制非不周密特時移勢易火器日新區區黎患固不足言海洋輪舶如梳海盜亦無所棲託慨焉遠慮實有出於所備之外者案瓊島西對越南之海防北連高雷之廣州灣勢成犄角而廣灣處徐聞澄邁兩縣之邊爲自省至瓊必經孔道徵兵運械非此無由是防瓊之難有百倍於昔日者而或言由高州內地達欽廉山路平夷便於陸兵往來然非廉瓊駐有海軍臺壘相望豈易遙爲聲援又瓊州四面環海淺水帆

船處處可以登陸近惟距府北十里海口設有稅關餘則散漫無稽其地距新嘉坡約四千里帆船御風而行數日可達聞印度鴉片萃集坡埠半由華民躉買其用輪運港以達內地者固皆循例繳稅而在坡拆箱運至瓊之南岸者稅司無從顧問若僅售之瓊州一島爲數尚屬有限而沿海魚船游行如織往往携十數丸或數十丸以達沿邊各縣村落散無統紀稽察綦難及既入內地不獨流行兩廣各郡並能轉行他省實有妨稅課之一端也昔有人欲於坡埠設鴉片總行即以洋藥離坡數目準中國征稅數目設有不符定屬偷漏即由總行賠繳華商在坡者俱已允從因爲港督所撓指爲越界稽征遂作罷論良爲可惜昨聞港埠紳商言粵省近議創設煙膏捐洋藥進

口後由商人拆賣核其煎膏之數每斤納捐若干全省每年約得捐欵一百二十萬粵督開導商民頗形踴躍可謂法良意美蓋收捐在拆包熬膏以後固與約章並無關礙而捐項雖出諸商民實仍出諸買主洋藥膏收捐則土藥自當一辦理膏價漸昂貧民吸食者漸少寓厲禁於無形之中斯眞修德行仁之事固不僅有益公帑而已也在都時聞閩督亦經奏請在閩省抽收膏捐議仿臺灣章程設立公司徧行收買迨熬膏出售按價加捐若干此則須籌鉅本且公司不得其人流弊滋多不如粵省之舉重若輕矣

二十一日經越南海越南一都四圻其國及左右二圻爲漢九眞郡地其北圻分十六道爲漢交趾郡地其南圻分十道爲漢日南郡及占城眞臘二國

地當嘉慶間法蘭西在西貢立商埠通貿易同光間又開海防廣和爲互市之所光緒六年法越搆釁舉兵入東京爲城下之盟治越之權盡爲法有其國王擁虛位而已舟行循順化廣南廣義富安廣和之東又循平順之南富安北有階英巴觜南有杭海赫灣廣和南有刋蘭海灣皆能障風潮停巨舶又南曰倍達隴角曰拉岡角兩角間有大港平順南曰芳黎灣迤南有圭俄角皆形勢險要爲船塢勝地法人經營越境二十條年租稅所入不敷俸餉之用尚未聞有大支海軍屯駐於此然其形勢利修武備見於其國人著論者甚夥故他國商船亦罕往停泊近法人防越卽募越人爲兵其視越已如身之使臂不虞更有他變而內地固與滇粵接壤滇省鐵路指日開辦蒙自

思茅重門洞闢粤之瓊島復與越南隔海相望越岸旣便停舟又與廣灣一氣聯絡遙望珠崖不禁心旌之搖搖也

二十二日經西貢港口西貢眞臘風土記作雉棍瀛環志略作柴棍屬嘉定道港汊深邃彎環與大沽相似法壘林立極占形勝有兵三四千其初法割南圻六道設總督治之其北爲柬埔寨卽唐時吉蔑國法先誘以屬已設巡撫保護之自全越不振法增設巡撫於東京又幷南北圻而以總督統轄之越人一舉一動必請命而後行其貨物地基房屋招牌貿易諸税之外復有身税待華民尤苛有歲征八九十元者華民旅居越地共約三十萬人在西貢者亦五六萬以無領事輒受欺壓無所控訴尚不若港坡旅人之得自由

也越南自五代時立國迄今八百餘年土產棉花蔗糖檳榔荳蔻沉水香楠尤宜種稻其沃土歲再三熟脫令君臣一德施措得宜外扼天塹之雄關內饒樹藝之美利詎不足以保世滋大延之無窮而乃篡奪頻仍內政廢弛海疆要隘先以畀人卒至舉國陵夷空王徒託亦可爲有國者之殷鑒矣考其地西界暹羅暹羅者古扶南國地趙宋時分爲二曰暹曰羅斛元至正間羅斛兼併暹國遂曰暹羅暹土磽瘠而羅斛富於稻粱今其國王曰許勒龍岡勵精圖治愼固外交嘗命世子監國躬歷海外者數年不憚自抑比於學徒攷求製造水師殫精弗倦尤善結納以俄羅斯居北徼南交商務不通爭端自鮮而俄法交歡便於排難故與俄相結尤深間以邊事與法齮齕終能出

以和平求合公法而後已並遣使臣至各國聘問往還從諸大國後雍容壇坫而各國亦不以其弱小而輕之且能自立海軍設險守國故雖東逼於法西鄰於英而蕞爾彈丸鐘簴無恙豈非務財訓農講信修睦之明效歟夫自古求己之道根於至誠與人之方原於強恕持此二義乃能自存左氏有言自求多福在我而已極目山河盱衡世變據所聞見連牘書之

二十三日過柬埔寨角之外海其地當柬埔寨之東南婆羅洲之西北

二十四日辰正舟抵新嘉坡泊公司碼頭自香港至此水程六日去國日遠翹首

觚棱彌深軫轄先是舟抵香港得上海道袁樹勛來電稱駐坡代理領事吳世

奇電稟坡督預訂設讌款待請電覆等語余復電諾之至是吳世奇並新派領事鳳儀以小輪來迎且稱衆商備行臺於振裕園請往少憩已刻遂率參隨繙譯各員至官碼頭登岸英兵排隊奏樂以迎應接如禮登車莅行臺接見粤省所派保商委員吳桐林並紳商李清㭎等衆商呈頌詞二頗極藻飾爰告以

國家深仁厚澤二百數十年聲教所訖莫不尊親矧方今

皇太后

皇上軫念海外僑黎屢頒

温諭若輩宜矢志忠貞遇事力圖報効毋忘厚恩是所切望諸商僉唯唯午正遂

赴督署拜晤署去振裕園不遠居土岡之上嵩構崔巍軒敞寥朗文石鋪地
清潔無塵坡督史惠忒南迓於門握手偕入其中軍參贊及法領事介史惠
通名謁見坐譚片刻史謂中國大局粗定以目前情形而論五年之內可保
無事然必及此閒暇明政刑講義理修武備始足爲長治久安計深望中國
及早振興庶使列邦刮目相視中英方睦敢爲肺腑之談辛恕唐突余謹謝
昌言告以此次涖英卽擬考求貴國政治學術且遊法美諸國咨詢咨度以備
國家採擇有所則傚史韙之少頃就讌馬來王披而阿來同席史告余此君居
畢喇明日登舟同行至英賀加冕聯坐移時席散辭歸行臺華商佘勉然請

赴其花園遊覽園爲前領事廣東胡璇澤所建今歸佘氏一名蔚園琪花瑤草萬紫千紅陂塘逶迤竹樹縈拂時甫暮春池荷着花蟲聲唧唧絕似故園秋景有感得句云白華補入皇華詠總是庭闈眷念時蓋紀實也佘閩人居此三十餘年以商務起家急公好義頗不忘本近與吳世奇等議捐巨貲欲集羣力建立孔聖學堂以教寓坡華民子弟具呈坡督准轉英藩部核議有章程呈遞駐英使臣張德彝侯與英外部商定卽爲入告余嘉之爲奬勵數言歸時衆商請遊華民街市俾遂瞻仰余允之周歷數里觀者如堵舉欣欣有喜色門前懸龍旗結綵綢櫛比鱗次旖旎生風始歎比戸可封豈特堯民卽此海隅蒼生咸知回面內嚮睠懷中國源遠流長其來固有所自由玆以

往所以培養而保護之者宜何如耶覽畢返行臺赴衆商讌查坡埠地居越南之南其西北爲麻喇甲西南爲蘇門答臘東北爲婆羅洲英人據此八十餘年其地東西九千里南北差狹內山及附近各島茂材木富鉛錫植物有胡椒蔗糖椰子檳榔動物有文貝象牙犀角華商旅此約三十萬人大都以礦業起家其居累世生茲土者皆辮綴紅緯俗稱爲哇哇猶言童子雖髦不改蓋其繫戀故國雖壯不歸猶自託於童稚其敦本思原之念有足多者惟不如香港民氣之聚睦嫻任卹之誼薄遊民衣食不足偷惰無俚馴至行止失檢時見輕於他族余勉然等思有以格之而未得速化之術英例初不准華民練團自保比以盜賊漸熾許以百人爲限或者出入相友守望相助澆

風庶幾可革也土民爲巫來由種約二十餘萬人黧黑野鄙稚髮跣足性情尤惰所營皆傭工賤業土音戞黠鳩州殊難索解近雖有華英官設小學數區而土人亦不與鹿豖蠢蠢其何能淑英官治此有輔政司按察司以理民事有水陸兵官以治軍政兵三千人山南北皆有砲台守備嚴密而警務稍弛竟日行捕兵甚罕見良不可解讌畢時已戌正興辭歸舟

二十五日辰初坡督來答拜送行領事吳世奇鳳儀華商佘勉然等皆藹集分別欵勞辰正解維坡督及領事商董猶立河干余再三辭却久之始退時馬來王已登舟王冠絨冠前後銳有脊亘其上綴以金絡短衣窄袖有領徧體金縷兩縷間雜以綵色衣以下如西服其始至也家人從官送行者甚夥

位尊者握手爲禮卑者則跪一膝嗅王之足以示親近妃妾以巾蔽面有二
孔露其目衣亦飾金黃以紅袱裹體爲幕行李用杏黃包有櫝一軸一從官
散仍攜之歸或曰此册寶也按馬來即柔佛國古亦稱息力今譯爲巫來由
或作馬來隅審其音馬來爲近新嘉坡檳榔嶼麻六甲等處本皆其國土地
別有文字與埃及古文略相似是其初非盡無文化者今其國君有能名游
歷歐西廣結納英人頗善視之今且許以練兵之權雖屬藩封不干預內政
近因南洋華民人衆聘請華商專理其事措置秩如亦暹羅之亞也
二十六日午刻舟抵檳榔嶼口外山勢平衍對岸北連大陸本馬來屬地明
時爲荷蘭所據嘉慶時英人與荷國立約議租歲出租銀十萬元以九十九

年爲限其開闢在新嘉坡之先不數年間市舶雲集爲南洋巨埠泊坡埠既開更得地勢商貨轉運停蓄遂移於坡而此島天氣清淑林木茂盛故商民樂居之有華民二十八萬西人僅數百人治事之官係由坡督轉派職分稍卑故例不拜晤迎送全嶼無砲臺無守兵蓋與各國約不以此地作戰場視坡埠勝負爲存亡所以省防費也華民權限以此埠爲最寬有華議院議員所議可者十居八九視他埠相逕庭華民自相約束至爲嚴密有公所有公積之款有游民入境則拘之教一技令自營生俾足自給而止有廢業者集貲使歸里終身不許再至法良意美其不爲他人所撓而終能持久者有以也未刻下椗副領事道員謝榮光等來謁此間領事向由商人兼充駐英使

臣派定後知照英官月給薪水百金並無公費僅以保旅民通情意而已無文牘往來非使臣有所詢問則亦並無冊報云余於未正登岸一游申正返舟戌正啓椗開行

二十七日舟過馬來新埠聞檳榔嶼南有地名拔退維亞係荷蘭屬向爲華人所居當雍正乾隆之間荷人敬禮華人深爲周至有經商過其地者荷人恒以船出迎三十里外聲砲相接款待殷勤乾隆十四年駐拔退維亞荷官因事激變華民旋用兵攻殺華民十餘萬人荷主大怒立拘荷官牒告閩粵總督謂茲事重大敝國殊懷愧歉現擬辦法有三一將荷官送中國懲辦一按荷國律自行嚴辦請中國派員監視一請中國委員會同鞫罪辦理乃閩

粵兩督答牘僉稱華民既居海外卽非中國子民如何辦法未便與聞荷主乃大輕華人禮貌頓衰至今遂益加藐視夫人必自侮而後人侮之天下事焉往非自取耶午刻舟經麻喇甲海峽案麻喇甲别名瑪雷原係瑪雷族所居之地物產金鐵花椒樹膠香料其民身矮面黑性情虓悍輕犯律法海盜極多幸英人管束綦嚴尚不至有礙商賈余聞近時閩粵洋面寇盜充斥有司治捕幾窮於法商民恒苦之夫善捕盜者非必稱良有司也乃卽此已不可得然則當事者盍揣其本歟

二十八日舟行印度大洋頗簸蕩按印度爲古天竺國一名身毒所與緬界毗連者爲東印度枕倚雪山者爲北印度跨印度河距阿富汗而近者爲西

印度其入海之處爲中南兩印度地形三角爲方里者一千一百五十六萬二千七百有奇戶口約三萬萬自漢時卽通中國漢武帝遣使從西南夷指求身毒明帝遣使天竺問佛道法是其顯證嗣後唐太宗元太祖屢次用兵印度史不絕書明建文時西域蒙古王撒爾馬罕征服印度至嘉靖時五印度國盡爲蒙古役屬當是時蒲萄牙已至其地開商埠通貿易荷蘭繼至奪錫蘭島開港通市至萬歷二十八年英人始設東印度公司於孟加拉獨擅商賈之利自是厥後印度諸部漸背蒙古自立迨

國朝乾嘉以來英人大發兵擊印度囊括席捲遂跨五印度地無復敢與相抗者於是英議院建議以印度爲英政府所轄置印度事務大臣專任防守諸

務並置參議官十五員總民政造鐵路設電綫建大埠三一 卽孟加拉一曰孟買一曰曼打拉薩其餘如錫蘭島信地諸部亦俱戍以重兵鎭以連帥其君長僅衣租食稅而已孟氏有言小役大弱役强天也吾以爲雖天道而實視乎人心何者人與人之相處國與國之相際力爲而已力相角於外而智以爲之幹智者所以濟力之窮要以伸吾力而自强也今印度之人無貴賤無窮達咸閉聰塞明而莫自覺是智困也因循惰偷凡事束縛而永弗能自拔是力困也智力俱困而猶熙熙然相安於無事是心死也如印度者可以鑒矣

二十九日行印度洋舟仍顛簸查西歷一千八百九十七年印度國債多至

三萬萬三千二百三十三萬九千零二十八金磅是年歲入之款共九千五百六十七萬六千八百金磅歲出之款共九千八百十四萬零八百金磅總而覈之出入相抵猶虞不足國債將無所取償乃非特不憂竭蹶且日見其贏餘者則以握商戰之利而收稅理財之法特敻絕也查是年印度出口貨值計一萬萬零八百九十二萬一千五百九十一金磅進口貨值計八千九百一十八萬八千五百一十一金磅出入相抵國民可多得二千萬金磅之數約合中國一萬萬六千萬銀兩之數推原其故由於盡免出口稅而重征進口稅蓋土產免稅則商賈踴躍而貨價賤貨價賤則銷暢廣物產豐饒利以倍蓰胥基於此此隱用鼓舞之法也至於收稅之制貧富宜有分等必使

富者多出貧者少出既公且均庶鉅資可以立集今重征進口稅則貨價昂貨價昂則買者富人多而貧人少灌輸出於不覺且稅加於貨價之內並非抽自賣者之手則商賈亦無褰足之虞此隱用平均之法也印度以此二法交相爲用故下有餘而上自足國債雖多而經制不匱其道繇此然則英人之善營商務於斯亦可見矣

三十日舟顚簸益甚殊困憊案印度爲佛教所自興漢唐以來傳播中國可稱極盛自阿剌伯回教興印度之民又從而奉之近則天主耶穌教與佛回並傳入主出奴迭相軒輊論者謂教門盛衰可以觀世運之升降國俗之强弱斯言頗有至理蓋佛氏之學以淸靜慈悲爲宗回教堅忍得以代之是猶

老莊之後必爲申韓也天主耶穌又於佛回兩教之外別樹一幟其言彌近理而稍附以格致之說則虛實之機判而勝負之數將有所歸矣夫天下之事莫患乎舍實而求虛中國聖人之道大而能博函蓋萬彙顧其微言大義要在乎開物成務實踐躬行經綸參贊以輔相天地之不足而使萬物各得其所斯其所以爲眞體所以爲實用也迺今世士大夫必欲遺其實而課其虛逐影尋聲沾沾自足馴至世運風俗滔滔日下孰謂非聖教之淪胥以至斯極耶

英軺日記卷二終

英軺日記卷三

四月初一日辰刻舟抵錫蘭島之格崙埠島在印度東南地勢平衍別無島嶼環抱不足以障風潮盛夏風起累月不息英人以塞門土築隄海中長里許留口門爲輪舟出入處水激隄岸高尋尺形如瀑布而隄內水勢甚平便於艤舟已刻下椗知英駐格崙長官已歸國慶賀其代理者亦以出巡離埠余率參隨乘公司小輪登陸坐馬車至英官署投一刺南行至澂淀游古佛寺寺去碼頭二十餘里傍海邊行林木夾道葱蘢蓊翳新蟬一聲掩抑樹杪道左民居隘陋三五錯落其民黧黑與巫來由同童稚裸體跣足逐車喧呼或徒手或折道旁草花以獻伸手攀轅意在乞錢與之則十數成羣叫囂益

甚知編氓之窮蹙爲已甚矣行十數里有小鐵橋一橋堍有卡每一馬車收稅二羅比過橋參議梁誠謂余曰時已過午請先至客館午餐館在寺南數武西人所開以待逆旅至則主人候於門館本因阜爲屋兩面臨海推窗遠眺浩淼無涯海風泠然與濤聲相贈答覺生平游釣所經雖多幽勝要無此雄闊也飯後至開來南廟廟宇卑狹中有臥佛一尊長二丈許又侍者二尊佛龕四周繪畫天堂地獄種種鬼怪畫工樸拙殆亦武梁祠畫像之亞佛殿後有白塔一座僧人指爲釋迦牟尼眞身所在則此固佛氏入涅槃處非降生之地明矣僧人出貝葉經相示因購之梵文連環旁行斜上兩端有孔以備貫繩葉香如檀邊微黑如火燎或曰香由薰入日久則滅比出廟有沙彌

亦以其葉獻其香遠遜知工候有深淺耳輿盡歸舟時己申正甫見西人乘馬車脚踏車絡繹往來蓋以中午烈日可畏迨日落風來始出而散步也車經平橋橋下有鐵道適火車至此横穿車下過兩無所礙酉初易坐奥士地利亞輪船班哥爾船主來謁别蓋班哥爾船明日當開赴澳洲特來作别余以其同舟半月款接頗殷循西例以樽酒相謝渠亦把盞拳拳握手而散奥士地利亞船寬與班哥爾船相等長三分之一載重六千九百噸馬力一萬四每一小時行英海里十五有半

初二日辰刻解維舟西行過印度可麽鄰角爲印度極南盡處過此則經印度之西矣風稍平浪較前數日略定午後至艙面小坐馬來拔而阿王適至

略談片刻言前此曾至歐洲時年少精力盛尚不覺苦今年五十有五連日風濤頗爲疲頓歸時擬假道美洲經日本而歸雖程途較遠而天氣差涼且可免印度洋盛夏狂飆之險又言南洋小國俄人窺伺已久幸有中國介乎其間至今猶得自存惟外交之難日甚一日頗望中國振興得保東亞太平之局海隅弱小實受其福云云王此行以一子自隨既以觀禮且藉此通聲氣習外務也其關心時事如此薛福成出使日記稱其有能名善酬應固不虛矣同舟西客甚夥相遇之際觀其神色似矜似慢似訝以視班哥船諸客情形迥不相侔或曰此輩久居澳洲大半以路礦農商起家今雖席豐昔非世族故未嫻儀節舉止多疎又習見赴澳華工所執大都賤役幾不知吾華

人聲明文物有去古未遠者故似矜或曰賦商大賈者流瀏覽報章觀盛衰之粗迹久已心與俱移當此時異世殊未免意存歧視故似慢或曰中國古禮既湮玉藻九容達人視如土苴起居動靜日益儳焉外人目所未經故似訝之三說者皆所謂知二五而不知十者也我之視人其疏畧處我得見之則試思人之視我華工何如矣市儈下走涇渭分明則試思士夫之視我何如矣動容遠慢古之訓也而則象無聞則試思我之自處何如矣拘墟之士足不出戶庭目不見眉睫訑訑自大顧盼奓然詎知人之遇我有如斯者與言及此能無三歎抑余更有進焉曾氏曰出乎爾者反乎爾孟氏曰敬人者人恒敬之凡人之好榮惡辱疇不如我履霜堅冰殆非朝夕是以古聖賢於

下民之侮警以綢繆橫逆之來要以自反然則人之似慢似矜似訐者皆我之藥石也擇善而從不善而改道在能自得師者

初三日舟西北行同舟有英律師某來謁畧道寒暄薄暮有風舟蕩艙中閉窗悶熱已甚至船面小坐英律師來就余談自言在緬甸十年現因新君加冕請假回國並詢余歸途能赴緬一游否告以將來當赴美日由東回華不經此地渠謂惜班哥船不抵緬否則乘此一游甚佳緬境約有華民三萬人極善經商尤惜聲譽甚望中國有顯者過其地爲旅民光倘使節枉臨則竹馬兒童不知若何懽躍也余謂中國人民繁庶旅居海外亦善謀生惟人數既衆恐不免良莠不齊耳渠謂在緬華人頗知自好商務亦殊可觀近所習

皆上等業苦力賤工俱不屑爲前時英人欲赴新嘉坡購東洋小車二千輛攜緬行用華人聞信集公所會議自禁挽車營生竟無一人充是役者可見日用充裕得以力爭上游近有赴英讀書得文憑充律師與英律師相頡頏者英人雅欽重之詢以華商中有能名號魁傑者幾人能舉其姓名否渠沉思久之曰有陳德顧超者頗知名忘其籍餘不能備舉云余聞之無任欣慰以余所見英埠華民整齊殷軫尤以檳榔嶼爲勝車行半日無徒手鵠立於閭巷間者然不免於挽小車爲傖人則又不若緬境華人之能自振拔矣緬地素無華官緬屬英後亦未嘗設領事派委員爲之代達其隱迺其人雖離鄉去井猶能善約束爲旅民冠如此而內地之民轉致鬻身美澳供賤役受

驅迫羣趨之而不辭豈民俗之偷民生之蹙有不能挽救者歟抑教養之道未盡善歟願以質諸治民者

初四日舟仍行印度洋風大簸甚艙中皆闔窗天氣鬱熱夜不成寐侍者爲推窗納涼方就枕浪自窗櫺瀉入直達臥榻衣襦盡溼積水盈尺幸毗近參議梁誠房頻呼之爲喚西侍掩窗畚水梁誠更爲布置一切余急趨梁室易衣自維薄德深懍䳒濡摒擋甫畢假榻欲眠不覺東方之已白矣

初五日舟簸如昨晨起知參贊汪大燮房亦遭水困蓋汪房在舟右偏窗牖面北風自南來竟夜閉窗熱不可耐天明令西侍暫啓以洩蒸鬱不意舟側殊甚洪濤一湧遂纇載胥其毗鄰西客先後一轍自是轉相告語咸有戒心

無復敢尤而效之者余因歎人情狃於目前忽於未至事非身歷則冥然罔覺境過情遷則淡焉若忘覆轍相尋往過來續胡弗即小見大一借鏡於舟中人也

初六日仍有風未刻舟經索可特剌島北山勢嵯峨俯瞰狂瀾沿岸淺沙一望瀰漫四邊瀕海童山不毛內地居民盈萬皆阿剌伯種本爲阿剌伯屬島近隸英國長六十海里闊二十海里舟經山北風爲山障波浪頓平戌刻至島西盡處飛廉復肆波浪重生憶薛副憲福成出使日記言自此島至非洲山角沈沙聚散靡常昔有德國輪船擱淺而壞黃道開甲爲余言阿丁左近數千里之間海底暗礁尤多前五六年英有公司船觸礁傷人甚衆事因搭

客有以初度之辰開樽讌客而船主在焉其大副代掌舵頃之海程當轉舵易向使人請船主船主方執盞作頌不暇辨久暫正酬酢間使者三至船主倉卒登舵樓舟已入礁界竟被毀自是船主例不飲偶飲則管事及侍者記其數以報公司云或曰其大副若自改向當可免曰然然無船主命不能也西例事無鉅細必以一人爲之主其亞焉者奉令而已其法如此故其行事無諉無爭余因思平等之說始於佛氏而歐西之民或變其名曰平權又從而推闡之謂之自由迄於今自由之說幾徧寰宇結黨援立會社以與其國家爲敵而吾觀西人之治事則事權歸一條如秩如無有越俎代謀以紛爭而僨事者其與平權之說何若是相反也蓋嘗探其本而論之凡民有血氣

心知之性爾我形駭之隔卽不能無爭爭者施奪之漸而亂天下之階也聖人思有以平天下之爭故爲之禮節以範圍之爲之少長貴賤之名以統率之凡此皆所以尊萬事之權而息天下之爭也權與天地旣祛世無論爲帝爲王爲霸事無論爲大爲小爲內爲外爲兵刑爲錢穀要未有不尊權而可以集事者權壹則事有條理而根本立強權分則事無統屬而根本立脆此千古以來治亂之大較也唐虞之世元首經畧股肱緝熙謳歌訟獄固視民心爲轉移矣然六府三事官惟其人不閜耕田鑿井之夫可以抗后稷之權五宅三居之民可以排皋陶之權也孔子繫易曰本乎天者親上本乎地者親下卑高以陳貴賤以位此卽差等之說也春秋之季太阿倒持大權下落

賤妨貴少陵長是以有子首以犯上作亂爲戒夫犯上之與作亂宜有間矣然而犯上即爲作亂之本者由其目無君父而意在侵權也孟氏子出論差等之學尤爲精覈無倫漢唐以來聖君賢相於此咸兢兢而世儒必樂爲平等之說借以自便其私輒謂西人講平權貴自由不知歐洲之人頗以尊親愛戴爲心即議院之中各抒所見而一人主持於上從無敢以私臆窺測而阻撓之者斯固不得謂有平權之說至於出入有節作息有時游惰有罰身家財產皆有稅偶有作爲必聞於官循蹈矩矱更不得有自由之時至其筦事也一曹必有米凝斯忒猶我六官之尙書也一省必有肥司來猶我各行省之總督也一陸軍必有泊乃粒爾猶我陸路提督也一海軍必有阿特善

粒爾猶我水師提督也推之合衆聯邦有總統聯軍有統帥一公司一銀行有總理徹上徹下必畀其權於一人而後綱舉目張不至散無友紀蓋權所在卽責所在而等不定則權亦不定不特上下數千年卽縱橫億萬里天下萬國亦無有不斷斷焉惟差等之是辨者天王海王五星地球之有日也五官百骸之有主腦也營建製造之有重心也皆不可須臾離者也然則曷爲言平等曰國與國君與君水火工虞凡不相爲謀者可以言平等也然而猶有伯仲焉有先後焉此人事必然之勢卽天理自然之數也如必將佛氏出世之教無爲之宗以施諸紛紜繁賾之世必不能矣是故吾願上之人深明斯義植忠恕以爲心毋擅作威福以啓陵下之漸更願下之人深明斯義各

盡其職分之所當爲毋存出位之念以長傲上之萌則庶乎國家可幾而理而天下之莠言將不辨而自息矣

初七日風平午刻望見舟左有山知已入瓜達夫伊角自此南望非洲沿邊峰巒起伏綿延不斷炎暑逼人微飈俱絕申刻忽聞氣筩三響大副自舵樓下至艙面水手腰纏救生圈紛紛趨前大副發號則躍入三舨解繫繩懸而下又發號則躍上仍繫繩復初而散舟客延頸相望疑有人誤入海及水手散始知爲操演蓋輪船行海凡遇險則響氣筩水手畢集平時演習口號以免臨事或誤此次所演自響氣至三舨入海不過數杪可謂速矣公司船每七日中必演一次班哥船擊鐘以集水手皆在天明時未得寓目此船以今

日風定故以氣筒爲號俾搭客不至驚疑此可見船主號令嚴明無敢忽懈
積威之漸在於平時苟有慢心必致貽誤西人差等之用如此
初八日卯刻舟抵阿丁灣阿丁本爲阿剌伯也門部地兩山對峙名哲貝爾
東卽阿丁北接大陸三面環海卽明史所載阿丹國也道光十八年英人據
之建礮臺於山麓暗臺棋布非典守者不知所在其始築時工過半有工人
售圖於法懼而逃英人覺之盡毁所築臺度地勢更築之及其成歷五年之
久費至八百萬磅砲綫俱成交點密於數罟南山之砲遠及非洲蓋此爲由
歐達亞必經孔道西入紅海南距阿非利加之索謀里蘭海岸僅四百餘里
最得形勢故英不吝重貲密爲經營有陸兵二千兵艦一艘駐此其備禦至

周密也舟至此艤海中差近西岸礮臺聲礮二十一少頃英副督來謁言提督臥病遣其恭代兵艦管帶官亦來謁言兵艦適卸礮上煤未及聲礮深爲抱歉云灣內有法公司船先我舟到此未幾卽開閘自孟買來中途遇大風其大副墮入海營救不獲英亦有公司船自孟買來當先我船到迄未至知亦遇風公司例孟買船至此卽赴非洲別埠有客貨及書信應由格崙坡來船接載赴英彼舟遇風此舟當守候兩日故舟客頗惶惶待至申初孟買船始抵灣船中有印度信地部酉亦將附此舟赴英賀加冕者礮臺亦聲礮致敬戌刻信地王過船亥刻解維

初九日舟行紅海海面狹而長南北二千餘里東西最闊處約六百里斜倚

小亞細亞阿非利加兩洲之間東南有小島曰丕林亦屬英兩岸山皆赭故名紅海印度信地部酋來見所帶員僕二十餘人內有西僕一人華僕一人所轄地甚隘有撫民權比請於英准養兵二三百人以自衛衣服都麗徒飾外觀蓋英予以中軍之銜封之爵比於騎都尉而頒祿甚優故猶侈然自大云案印度地當溫帶之南地產饒沃三面瀕海富魚鹽之利設有魁傑之才生聚教誨則官山府海豈不足以自存迺始臣於大夏繼臣於大月氏又臣於大食又臣於突厥自巴卑爾取特里稱雄一時則又臣於蒙古自英吉利荷蘭葡萄牙佛蘭西先後入印立公司設計兼併卒爲英有則又臣於英二千年間碌碌依人文德武功一無足紀豈釋迦牟尼之教有以弱之歟抑其

人民質蠢神昏不能以自振歟今其土部酋長大小以百數皆衣租食稅受治於英而其酋猶互相爭勝以夸躍於人英例凡君長及王公貴人出境其兵船礮臺皆聲礮致敬而其數止於二十一乃土酋爭長英以綏服藩部之故增之爲二十七又增之爲三十一四十一遞至於百聲有奇而英乃反詰以既尊英君爲印度皇帝設幸印其爲礮當幾何迺定其數爲千有一將一船一臺之地雖盡日而不能畢矣比聞有二酋負富名亦以賀加冕赴英各專賃英輪一艘候行止計輸直所攜皆百餘人往來一二月合其所糜金錢殆足以自治一舟其窮大失居誇多鬬靡尚虛文忘實禍如此此印度之所以爲印度也吁可歎哉

初十日舟行紅海經阿剌伯麥加城攷阿剌伯漢時爲條支唐時爲大食當隋唐之際其大酋謨罕驀德創回回教自號大教師信從者衆乃東滅波斯北擊拂林西據埃及自是浸以强盛縱横於葱嶺西南及紅海地中海之間傳世數十其後波斯西突厥相繼復國而大食始衰洎乎有元之世拖雷旭烈疊次西征遂平西域而謨罕驀德遺種居麥加者猶存舊號明史所稱默伽國是也今其地已淪於土耳其而奉其教者千載如一不特土耳其波斯阿富汗俾路芝本回教國如印度如埃及如南洋諸島其民生炎方盛夏不免冠蓋其俗非祀天不露頂所聚建寺曰清眞寺有堂七日一禮拜與天主耶穌教同例堂有教師謂之阿哄生死婚嫁必延阿哄爲洗濯不與他教人

昏配不吸鴉片不食猪肉避猪字音讀如黑其氣聚其性情堅强不屑與他族或他教鬭甯死不受辱其民自唐至德入中國遺種蔓延各行省皆有之而西北尤盛驛站所有騾行客店大半回民故其行旅便捷聲息相通而秦隴之間漢弱回强漢貧回富漢惰回勤咸同以來屢次滋事當軸爲息事甯人計强勉拊循然漢回逼處各分彼巳商業地利皆足以啓爭端而漢民奉天主耶穌者又自相齟齬授人以隙平時排難解紛調處巳難得當設有聚衆情事數千里間雲集響應以俄之强其與土戰尚不能無敗則可知回民之猛悍虓豁未易輯也

十一日過紅海入埃及境北有大山曰西乃山相傳係摩西以十誡立敎地

攷埃及係西方最古之國建國之始在吾華帝嚳以前狉榛初闢民以畜牧爲生西人紀載云猶太之祖攜後嗣入埃及延及數世生齒滋繁王懼其生釁强令爲奴越四百年摩西興率猶太族類俱歸其國至周景王時爲波斯所併迨顯王三十九年希臘王亞勒散德克而取之建大城命以己名漢時降於羅馬者數百年唐初謨罕驀德創回教於阿剌伯埃及與接壤遂爲所奪都城大庫藏書七十萬册盡爲回部人取以析炊文明浩劫較之咸陽一炬無以過也自後遂爲回回部落明時土耳其强盛併入版圖鎭以大酋嘉慶時法王拿破崙攻克其地遣兵駐守越三載復歸土轄設立總督道光時土督阿里舉兵叛土旋復平靖同治五年土國始令埃及歲貢爲藩封君位

傳子世守弗替光緒四年埃及財政匱乏英法兩國各遣員往治其賦於是埃及理財之權遂歸他人掌握綜其沿革盛衰之迹大畧如此余因謂財政一事國家命脈攸關然既欲師人之長去己之短則必詳求其始終本末之數務在能用人而不爲人所用夫然后行之而著措之而宜若性習苟安目見表準而不能赴及事出於不得已迺欲專藉他人以爲立命之地其不至反客爲主者幾希矣如埃及者非求師之咎實不學之咎耳

十二日已正舟抵蘇彝士河口天氣驟涼可著袷衣午初有西醫來驗疾以防疫氣傳染諸客坐候於飯廳醫至則以次唱名諸客陸續登艙面謂已驗訖蓋西人緣飾之事亦復如此午正啓椗開行案蘇彝士故沙漠地爲亞細

亞阿非利加腰脊交界處舊屬埃及總督所轄北界地中海南界紅海中間陸路長二百三十八里此河未開時歐洲諸國東來皆從大西洋開行沿阿非利加西岸南行至好望角迺轉而東北浮印度海入蘇門答臘葛留巴之巽他海峽又東北而至粤東計程七萬餘里同治年間法人雷賽樸斯用機器鑿成斯河計長二百八十七里寬六丈深二丈六尺爲費約一千兆嗣是由地中海徑通紅海自歐至亞計省水程三萬餘里功高帶礪法王特錫男爵以寵榮之雷賽樸斯晚年又欲鑿通南北美洲連界之地名巴拿馬該處以一綫界隔兩海闊僅一百二十里西人常謂能將此土疏爲海道則東西兩洋混爲一水掛帆而西徑抵中國東界亦可減水程三萬餘里雷賽鳩貲

疏鑿功未及半因用人失當股貲俱爲所呑遂搆訟法廷諸蝕款者睹法政府訟以不理今雷賽殁已六七年矣當其中年建古人未有之績名動一時迄乎末路闇於知人有志弗遂身名幾爲所隳豈其明於初而昧於終歟抑其暮氣有以中之也今聞巴拿馬開河公司尚未輟業而美人則擬由尼加拉瓜瓜斯得利加之間另鑿一道巴拿馬公司聞之懼利爲所奪也願將前數年已竣之工購於美人以工費過昂至今尚未議定云

十三日寅正舟出蘇彝士河北口抵波賽暫泊辰正起椗開行進地中海登艙面縱覽與參議梁誠暨諸參贊等議論全球關繫余謂地中海網絡歐洲北跨小亞細亞南臨阿非利加阿剌伯居其東埃及居其南希臘土耳其奥

地利義大利瑞士處其北法蘭西西班牙葡萄牙控其西北斯實地球一大關鍵也俄居北漠由波羅的海繞出西洋必假道於德意志路頗紆遠遂欲南瞰黑海逼地中海大出舟師以爭一日之勝於是英德諸國聯盟約從巴黎之約義聲昭著士既得以自存奧亦周旋玉帛分畫鴻溝彼此不稍侵越歐洲大局藉以粗安俄遂暫緩西封亟勤東略修造悉畢爾鐵路逾興安嶺循黑龍江泝烏蘇里以達琿春海參崴晝夜經營不遺餘力由是我滿洲一區尤爲全球關繫矣比聞東方鐵路不日竣工而俄人所租之旅順大連灣泊船便利又復聲勢相通聯絡一氣竊嘗以歐亞二洲形勢互相比較黑海爲地中海之犄角歐洲安危宜注意於此黃海爲南洋之鎖鑰亞洲安危宜

注意於此然使東陲有事則太平洋驚波亦且不測西南諸邦詎能安枕夫盈尺之雪迺於繁霜累丈之線起於微點剝牀之懼有由近以及遠者殆無彼此之殊也午後舟經阿勒散得力亞爲埃及海口卽從前波斯王阿勒散得所建故城自歐人得由好望角入印度洋之道該口商務日衰賴開蘇彝士河漸復舊觀居民由三萬增至二十四萬人

十四日舟行地中海入希臘境攷希臘北界土耳其東南卽地中海長六百五十里廣五百里總計方七萬里戸口約二百萬其地洲嶼迴環頗擅奇秀當中國有商中葉有灑哥落者立國於雅典敎民禮儀始制文字歐洲之開通文學自希臘始漢時羅馬方强力征經營希臘各國均隸版圖後羅馬分

東西希臘屬東羅馬爲回部所侵日就衰弱土耳其興滅東羅馬王以兵取希臘據有其地四百餘年嗣後土政苛虐雅典之民不堪命嘉慶二十五年逐去土酋土人以兵攻之雅典堅守不下英法俄三國壯希民所爲各以兵擁護之土無如何遂聽其自立爲國云是晚經刋地亞島是島一名克利得亦土國屬地爲希臘種人所居前數年希臘人誘之叛土與土兵戰不利英法俄德奥義六國出爲調停准刋地亞自主以希臘世子爲該島巡撫土王得居簡派之名人心始戢余案刋地亞居阿勒散得力亞之西地當衝要實爲地中海門戶爲土國計誠能以重兵駐守此島卽足扼希臘之吭而握東南之形勝迺撫綏無術卒爲他人所劫持削也滋甚重爲慺然亥初刻同舟

爲跳舞會船主請往一觀

十五日舟行地中海天寒甚可服重裘洋報載南美洲法國屬地馬的尼島本屬火山忽於數日內震陷居民死者四十餘萬人各國遣船往救未至其地數百里飛煤積船面盈寸浩劫如斯聞之累悒地理家推測謂火山陷則本年五洲氣候均將失其常度余案風自火出著於易象蓋火散陰生古書已有此說至火山原爲熱潮所自出山陷則熱潮逆流熱度頓減寒度遞增故地之相距近者氣候改變甚速相距遠者則氣候改變較遲亦自然之理也酉正舟抵不鄰底西爲義大利屬居民僅數千沿岸卽火車棧人語喧闐見華人服飾譁然聚觀宵分始散去案不鄰底西南爲細細利島居民約三

百餘萬人昔屬希臘繼歸羅馬稱細細利國後以行政苛暴卒爲義大利所併云

十六日舟行地中海義大利境案義大利爲歐洲古時一統之國卽漢時大秦國也東北界奧地利北界瑞士西北界法蘭西其地穀麥蕃熟風景淸嘉名園佳卉點綴麗矚西人爲勝地周以前爲土番散部自羅馬崛起國勢浸强至西漢時跨歐羅巴亞細亞阿非利加三洲之地兼攝統轄弱小諸邦竝修職貢建都城於羅馬晋時又建東都於黑海之峽曰君士但丁厥後內訌迭興西北諸部擁土自立國分爲二居羅馬者稱西王居君士但丁者稱東王東王至明景泰時爲土耳其所滅西王在南宋時爲北狄所滅越三百年

法蘭西取之以奉教王後又分裂爲日耳曼屬嘉慶十年法王拿破侖攻畧其地爲法藩部十九年拿破侖敗諸國遣使會議於維也納分其地爲九國道光二十八年奥地利以兵力取義大利北部之威尼斯倫巴多咸豐九年北部諸邦聯法叛奥中部亦復震動羅馬乘機逐去教皇法人以兵戍之洎同治九年法敗於普召回駐兵自守義王於是進據羅馬建以爲都比時國頗憂貧惟悉力治舟師甚稱堅勁申初過默西納有塔崔然日色霞光吞吐繚繞足資延賞其南爲挨得納北爲委蘇維俄皆火山也

十七日舟行地中海有風余攷羅馬昔稱教宗萌芽於東漢之時傳播猶未甚廣迨宋時爲北狄所據駐羅馬之教師乘機宣佈由是天主教與主教者

稱爲名教化王徒衆日繁法蘭西旣滅北狄爰以其地奉教王王殁則大會
各教士公議推老成者一人嗣位畧如西藏喇嘛坐牀之例其教曼衍各國
有不遵者輒夷滅之權勢日盛至明時日耳曼人路得别立耶穌教稱爲正
教斥天主教爲異端邪説於是諸國漸歸耶穌教教王之勢頓衰然猶欲藉
傳教之徒黨侵各國之政權其志未嘗一日忘也余案吾華受傳教之禍亟
矣從前總理衙門因天津教案曾定教務辦法八條一收養孤孩應行停止
二教堂祈禱時不應男女混雜三教士不應干預詞訟侵中國有司之權四
教民滋事曲直須由地方官作主不得有所袒護五教士護照須載明經由
地方不得任意遨遊六奉教者須查明來歷身家七教士與地方官往來應

有一定禮節不宜妄自尊大八古時教堂基址既成民居不得任意索取致侵平民產業此八條歨後懲前最爲公平精審迺照會各國駐使俱不謂然事遂中寢比年以來教案層見疊出馴至釀成鉅禍向令此八條早日頒行不獨吾華實受其福卽西人亦何至迭被餘殃言之可歎憶光緒十八年長江一帶民教相仇不已有英人宓克者著支那教案論一書凡四篇首發端次政治次教事次調輯大旨謂吾華愚民無識頗尙虛無散布流言之習實足爲教案之媒而皆由教士處置失當推波助瀾至於助以兵戎堅以盟約尤足動華人仇恥之念適以發難而召釁所論頗爲持平傳教之士宜三復也至吾華地方官辦理教案亦有二弊非失之剛卽失之懦剛者雖視洋人

不善調處懦者一意畏葸激成民怒自是無事變爲有事小事浸成大事胥萌於此吾謂辦理教案之法必須綢繆於平時而消弭於臨事凡入教者如有游手無賴桀驁不馴之徒宜正告教士勿使收受如是則逋逃無術假託之途絕矣一旦有事務須速行結案訊斷尤宜秉公無所偏袒但論其事之有理無理不問其人之是教非教總以彼此解嫌釋怨爲第一要義如此則教案庶幾有豸乎雖然斯二者猶末節也其本何在則在於教民以學開通其智術而已昔歐陽永叔論佛老之入中國謂譬諸人身元氣旣薄斯寒疾得以中之西教何獨不然中國長民者誠能以善保元氣爲念則造福於億兆爲無窮矣

英軺日記卷三終

英軺日記卷四

四月十八日巳初刻舟抵馬賽駐法使臣裕庚迎於碼頭遂登岸至羅甯大客店裕庚跪請

聖安禮畢發外務部電一件案馬賽臨地中海原係荒地斐尼細人航海至此聚族而居漸立爲國初屬羅馬後爲法國所併自法人得阿耳及里屬地並開通蘇彝士河馬賽商務日盛輪船雲集出入口貨以五穀油糖酒羊毛絲皂加非爲多居民四十五萬人

十九日申正裕星使請至科尼斯一游遙望大海煙雲相連山色蒼茫濤聲澎湃彷彿格崙坡風景戌刻裕星使請晚餐座中見法國馬賽提督馬賽知

府並西賓七人
二十日未正法國馬賽提督知府以私覿禮來見接譚數刻辭去案馬賽爲通商巨埠不獨法商往來艤舟於此卽歐洲各國往來亞非諸洲之船亦必迂道泊此以起卸貨物搭載行旅是以車馬駢闐民物殷阜其地利然也惟德船獨泊於義大利之熱諾法埠蓋德法相仇隨地可見如此余因考歐羅巴全洲之境爲民三萬二千萬爲方里者一千三百萬列國十數其古昔離合分併之迹見於史乘者不可勝紀至於今大小異形强弱異勢風土異宜而猜忌仇怨之心由此生焉然而有一善政則列國環而效之有一善教則畢洲隨而趨之非特疆理之遙山川之險不足以爲限也卽其猜忌之心仇

怨之迹亦有時泯焉若忘相師相效惟日不足約而言之如歷法也學堂也兵制也輪船也鐵路也銀行也商務也郵政也皆其同焉者也然之數端者歷法紀年始於羅馬學堂程課鋏路置軌始於英吉利汽船行海舟師出征始於美利堅銀行規制始於荷蘭航海通商始於葡萄牙郵遞印票始於法蘭西一國爲之倡而各國相繼效法精益求精甚至水火工虞聲光電化凡一事一物之細其始皆一人一家之言而羣相推演萬國同風期於著爲令甲見諸行事而止無有彼此畛域之界更無有猜忌仇怨之情又試近而徵之若各國權度之制亦至不同也迺今至於法境考其度量之數知法度起於一邁當實合地球圓周四千萬分之一其量法衡法均生於度創行於西

歷一千七百九十五年奥義荷比西葡瑞腦希臘土耳其諸國固已舍己相從英之議員亦有欲據以改英權度者而德法世仇亦能循用勿替從善如流如此余嘗淵淵夜思推究其所以然之故彼諸國之深心豈眞能泯猜忌忘仇怨蓋其所以伸仇怨消猜忌者非此無繇孟子曰不恥不若人何若人有誠使人人有恥不若人之心則所謂仇怨猜忌者皆粗迹耳細故耳不以爲扞格之媒反藉爲攻錯之助其學藝之精進胥原於此余因德法嫌隙之深教化之同於以知羣雄並峙所以相持於不敝者蓋非無故也

二十一日由馬賽起程裕星使送於車棧由馬賽至巴黎火車日開兩次一緩行沿途停頓每一小時行百餘里至巴黎須假寓一宿再易車赴英一疾

行每一小時行二百七十里余所定係快車戌刻登車遄發車行甚疾顚頓殊甚假寐不安時復推窗眺望夜色朦朧車入山腹恒行一二十里輪軌相擊聲震如雷蓋西人於火車軌道旣測地平更取直綫每過山阻則穿山通道以磚石環其上如橋形其開時工本雖大而行車直捷惜時省煤積久計之所省甚鉅其行事通盤籌畫以羨補不足大率類此夜丑刻過立墉鎭立墉爲法境極繁盛處巴黎而外此爲巨擘闤闠雲連燈火與星月相映此鎭紡織機廠甚夥法産各種綢緞皆出於此華絲出口大半到此考吾華絲業昔盛今衰推究其原由於蠶種受病曩時卵紙出於浙之餘姚新昌收取蠶卵頗有薪傳其後餘杭等處亦以卵紙爭相求售辨種無法其價特廉於是

餘杭卵紙盛行而蠶絲日壞蓋蠶病有二其一爲黃瘟人所易見其一謂之椒末瘟目力難察而傳染甚捷凡蠶既受此病其所產之卵皆帶此病眠起如常而出絲脆薄西人每於收種之際將雌蛾焙乾研末以四百倍顯微鏡視之中有黑點如椒末者皆棄其卵故蠶種精食葉與病蠶同而繭特肥厚今日本蠶桑之學考求甚精而華民不求甚解自削利源非官紳提倡加意講求考橡繭之圖經補齊民之要術竊恐紅女投機竟人失業未始非財政之憂也

二十二日辰初車經羅恩河之西過里昂又北河過馬康又東北行過的仍又西北行逾塞納河過美倫午正抵法京巴黎車停片刻易機車經波威亞

眠亞貝威勒補羅義等處申初刻抵法境西北海口地名加來埠貿易頗爲繁盛自馬賽至巴黎車行一千七百七十里自巴黎至加來車行四百七十里所經市鎮村落屋宇整齊道塗平治雖土坡山麓無不周以長垣靡望清潔田疇如罫溝洫縱橫其有偏陂不平之地皆以植木無尺寸荒土葡萄尤茂法人用以釀酒其酒稅爲國賦大宗民亦視爲利藪記有之入其國其教可知良不誣已總稅務司赫德之子赫承先至車棧相迓遂偕登都華小輪渡海酉初刻抵英東南海口英外部大臣參贊費乃奉英君諭來迓洋員金登幹馬嘉利及駐英出使大臣張德彝參贊陳懋鼎陳貽範來謁都華巡撫毛爾亦至舟中謁見宣詞作頌大致謂中英訂約垂六十年兩國商務日見

中朝簡派近支致賀加冕典禮足徵邦交輯睦惟望此次瞻帷暫駐將敝國政治
振興兹蒙
文化存記在胸以備日後回國有所採擇云云當命參議官梁誠譯詞對答
略謂此次初至貴邦蒙貴國君主遣員遠迓不勝感謝本屆貴國君主舉行
加冕大典我中國
皇太后
皇上良深忻悅是以
特簡本爵大臣專使致賀以表邦交親密之據貴國文明制度本爵大臣曾於書
中習見耳中習聞夙深嘉佩深願此次逐一親歷目驗隨時默識不忘冀於

中國有裨等語爰即登岸復登英君派來之宮用火車戌刻抵英京英君復遣禮官可耳費而迎於車棧酬答數語禮官請登宮車赴昔賽而客店張德彝已先在客店祗候跪請

聖安禮成後禮官辭去接見使館各參隨等詢知前任羅星使因病交卸張星使係於本月十八日抵英接任云亥正晚餐後頗覺疲倦遂息

二十三日發外務部電報到英日期請代奏午後擬致函英外部訂期會晤英外部大臣瀾斯登遣叅贊費乃持簡來拜因亦持簡答之總稅務司前書記官賈爾愛來見操華語持論不偏自謂在北京居住十二年平生所歷之境惟此最爲適志故戀戀中國不能忘情其意殊可嘉也考英國爲歐洲極

偏西地本二島英倫蘇格蘭一島在東阿爾蘭一島在西南英蘇古爲二國明萬歷間始合爲一仍沿二島舊名世稱英國三島職是之故其地形南北長東西狹英蘇一島爲方里者七十四萬三千八百有奇阿爾蘭島爲方里者二十七萬二千九百五十有奇英倫共分五十二部東方六部其首部曰迷德勒塞首邑卽倫敦也南方十部北方六部中央十八部其西偏曰威勒士分十二部舊自立國其土語亦與英倫稍異總計戶口約二千九百萬有奇蘇格蘭分三十三部南方十三部中央八部北方十二部其土語與南方稍異總計戶口約三百九十萬有奇阿爾蘭分三十二部東方十二部西方五部南方六部北方九部總計戶口約五百萬有奇通國都爲一百十七部

部長皆由民間公舉並無歲俸云

二十四日拜發恭報抵英日期摺交郵船寄外務部代遞駐英參贊曾兆鋸來言聞英主將於二十六日見余及張星使德彝侯外部議定後當遣員來告既聞此信祇可靜以待之考今英王名愛惠英女主維多利亞長子生於西歷一千八百四十一年十一月九日立爲王太子六十三年娶丹國竭律天第九王之長郡主爲妃王素研兵學曾在去尼司蔫司學堂卒業西例凡入學堂肄業者無論貴賤皆與羣學徒爲伍王於西歷一千八百六十年始在阿克司弗大學堂之生徒當民兵者爲副將銜旋又在吏部官吏之當民兵者爲副將銜六十一年在謙不吏去學堂當民兵者爲副將銜六十三年

後始爲第十營好失而兵隊副將六十八年後統帶耳愛夫不而其兵隊又統帶第一二營護衛兵七十五年封將軍八十年統帶戈登海倫敦兵隊九十八年統帶格倫敦第而兵隊九百零一年統帶坡而司披兵隊蘇格蘭阿爾蘭兵隊蓋歐洲各國視治兵之責最爲愼重凡統帶必由推舉故英王在九百年即位後至零一年始統帶坡而司披等兵隊也國民頗知以愛君爲心英王照像不特懸於公署學堂即閭閻間均有之

二十五日英外部遣參贊費乃來言英主定於明日午刻接見呈遞國書向例須候各國專使齊集同見英主篤念邦交特定單班先見屆時當派禮官率宮車來迎云云因命參議梁誠等預備中英文頌詞並將國書及國

禮清單譯成英文照會英外部奏明英主定期派員接收是日聞特蘭斯發爾和議告成英民讙呼雷動以志慶賀洋報載有英特新定和約爰命繙譯劉式訓譯出計共十條一特認英爲上國不再抗拒應將所有軍械呈繳二特兵現不在境及被英兵執置他處者倘呈明願爲英屬則英應趕爲設法陸續載歸資助生計三特民降英回國者應復其自由之權及其產業四特民降英回國後不得再藉戰事追究五特國各公塾應教授和文讞堂亦用和文六特民可備槍自衞惟須請領准照七特地現歸武員管轄英允早派文官前往治理並酌行鄉舉漸給特民自主內政之權八土人選舉之權應俟特民自主內政後再行議及九英允永不加征特民地丁稅項以補兵費

十特地各邑應速設局歸讞員或文官管理會同紳董詳查特民爲戰事受虧情形酌給口糧籽種田具俾安生業英政府允發三百萬磅分給各局應用余案英特之戰始於已亥冬間因英國不准特人自主並欲限其選舉之權由是特人積憤搆兵英人初與戰不利至庚子夏英軍始破特京特人迄未肯降轉戰又逾年餘至是立約罷兵洵可喜也披閱條約頗爲平允而特國因戰被累之民英既允給三百萬磅作爲賠償此外聞再允備款分借特民二年之內概不取息自第三年起常年三釐取息訂期歸還可謂善於籠絡矣

二十六日午初刻英禮官公服偕外部參贊率宮車來寓相迓因率同參議

梁誠參贊汪大燮至英辛占爾士宮此宮爲英主舊宮現時並不居此及門有數英官祗候偕入登樓英老兵數人執仗侍立英王宮大小職官暨禮部外部官屬執事者皆在焉禮官導余直至一殿南窗臨街北牆嵌火鑪其殿東備小椅禮官延余坐告余曰本日君主以特蘭斯發爾戰事平定論功行賞頒給寶星殿西一座因此而設座北有几所陳者皆寶星云坐少頃聞窗外作樂聲禮官告余曰君主至矣偕至窗前眺望見街南樹林濃蔭中鵠立者甚夥皆屬樂工未幾見一車兩馬輿人紅衣高坐揚鞭而來車中人卽英主也無鹵簿無護兵亦無隨從官屬其輕簡如此殿西南有門騶閽有執仗者出而立知英主已由他道至殿西內室矣禮官導余入參議梁誠等捧

國書隨余行英主立待去門僅咫尺余入門行鞠躬禮英主答禮彼此述頌詞

答詞余遂呈遞

國書敬謹宣布

皇太后

皇上德音致意存問英主親手捧受喜形於色致謝

中朝遣使厚意旋握手成禮遂約余觀頒寶星余退至殿前見殿東門大開英主

出至座前立二武員並肩進謁入門鞠躬至座前又鞠躬英主微笑握手與

語二武員屈一膝英主持寶星親爲佩帶武員以臂承英主手一俯首起立

退行而出遂有老兵六人執仗入至殿中對英主立自是進謁者入經兵左

出經兵右其屈膝領賞儀畧如前凡二十餘人於是各國駐使及英臣民來賀者千餘人英主皆立見此爲英常頪儀歲必數舉適特事平藉以致慶故來者多於平時英主子姪侍立於英主後内廷官屬侍立於英主左側凡進謁者皆持簡書名内廷官屬接簡唱名鞠躬而出未刻蕆事英主俯首進入内殿余歸發電恭報呈遞

國書期請外務部代奏

二十七日擬奏報呈遞

國書日期摺稿下午飭供事恭繕余挈參議梁誠往泊錫花園一游其地初爲泊某私產泊以獻英廷英廷爰就其址建園以畀庶民游覽名泊錫者誌不

忘也其地南北五里東西亦如之爲方里者二十有五四圍周以鐵欄千門萬戶又開渠通水廣可容刀駕鼉爲梁通衢四達四時花木夾道成陰時正杜鵑初開五色相雜疏密交縈萬紫千紅迷離眩目申刻以後士女如雲馳馬擊球觀書閱報熙熙皡皡不知其在城市中也蓋倫敦居民闤闠夏屋雲連機廠火車昏烟蔽日非有軒敞苑囿日以游息則有礙於衛生故國家不惜重貲經營此地其灌溉洒掃各有職司以與民同樂民皆視爲己業故能垂諸久遠無荒蕪之慮云

二十八日拜發昨日所擬摺件因念余自出京以來未及兩月征程三萬日長如年計此摺到京當在季夏以西人舟車之捷而遲滯若此知去國蓋甚

遠也極目雲山曷勝犬馬之戀下午往拜英王子翹耳治王子言前日於宮中望見顏色以時方侍朝未遑傾蓋辱承先施殊爲欣感又謂去歲欣聞
皇太后
皇上在西安報大安知
聖體康强遠人甚爲愉懌又詢余年幾何並謂當此盛年正宜考求政治以備設施又以英近時氣候頗寒詢余起居余一一答謝復寒暄數語而別隨往答拜沙侯不值按英例立長英主二子其長子蚤世未有孫故翹耳治得世及爲儲君幼年學於世職學堂繼習水師游歷全球各國曾乘海軍艦至中國上海江甯武昌等處時尚當學生未嘗以禮接待累遷至水師提督今以儲

君不治事仍守提督官秩戎服出入年三十有七情性和平學問淵雅英民頗稱頌之

二十九日往拜英國各大臣英君加冕伊邇禮文繁縟各部院大臣公冗勢難隨時見客故余循例到門投刺而歸時上議院掌院大臣參贊政務伯爵賀爾斯貝議政院大臣公爵狄逢奢戸部大臣白爾福戸部參贊大臣男爵畢啓內部大臣李奇外部大臣侯爵瀾斯登藩部大臣曾伯倫兵部大臣博羅第陸軍統帥大將軍羅貝海部大臣伯爵賽爾朋商部大臣伯爾佛農部大臣漢璧理工部大臣德勒士倫敦工部局大臣耶郵部大臣侯爵倫敦德銳參贊阿爾蘭政務大臣子爵阿士博恩阿爾蘭總督伯爵克多更參贊蘇

格蘭政務大臣伯爵巴路佛蘭凱斯德省參贊子爵詹晤士管理印度大臣子爵哈密敦之數人者秉政而行政之法皆出於下議院有事則下其議於下議院議員議其條律以白上議院斷其可否以白各部院大臣據以入告然後施行其定例如此案倫敦爲歐洲最盛都會跨達迷斯河爲方里者一千五百戶口六百萬稽其區共分六隅中央最古貿易滋繁西方爲宮院衙署議院之地東方成市集甫五十年水程貿易胥萃於是南方多廠作北方尤寥廓兼包諸村鎭地紀其勝有太學書塾博物院太醫院名畫院萬花院草木禽獸苑等處攷其官有管理倫敦事務總城長一讞官二分叚城長二十有九余車經過之處闤闠千重崇飾華競袨服結紩累軌連踵洵爲窮極

麗都之地倫敦從前居民二百年前不過七十萬百年前九十萬光緒二十三年英女主登極六十年計數已增至四百四十三萬有奇近年漸增至六百萬當事者以人滿爲患地邑民居無可充擴迺俾穴隧置屋下洎於地之下多至三層上則累建岑樓高可至五六層合計之已得八九倍倫敦之地此次因加冕典禮各國致賀並商民來瞻仰者人數又驟增四百萬宜乎街衢相經肩摩而轂擊也

英軺日記卷四終

英軺日記卷五

五月初一日晨起拜客午正歸考英國學校之盛實在近今三十年間聞一千八百九十七年時其全國有大學堂六十七所中小學堂三萬一千五百三十九所共敎習十四萬五千六百二員大學生三萬三千五百五十九人中小學生五百五十五萬八百二人是年官學費英金九百七十三萬三千四百二十三磅蓋惟大學堂經費官錢爲多中小學堂生徒每歲每名國家祇給一磅三仙令以畀敎習其不敷者議院由房稅項下酌量提撥生徒早出晚歸飲饌取給於家童子滿三歲卽有入塾者若至七歲不入塾罪其父母故七齡童子無男女未有不讀書者貧民謀生例候十歲以後是以舉國

無不識字之人余求其全國學校表不可得僅得上年倫敦學校簡表一册一隅之地共有學堂四百九十八所以倫敦四隅坊巷編次各註其創始年月並總董及男女總教習姓名計其生徒共五十七萬九千有奇普通學居其八九蓋貧民力有不逮僅學普通亦足謀生也此外別有蒙師學堂十二所其士台伯乃一所創於西歷一千八百八十五年自此閱歲遞增祇有此數是英之講求師範又在近今十八年之內矣又有聾學堂十八所容生徒六百七十餘人瞽學堂十所容生徒二百餘人殘疾學堂三所容生徒百餘人腦病學堂五十七所容生徒二千六百四十一人又有工藝學堂若干所從一千八百七十一年迄於上年三十年中共收生徒三萬八十四名已離

堂者二萬六千一百三十九名現尚在堂肄業者三千九百四十五名宜其近數十年來製造之盛遠逾前代矣至於烹調洗浣操作及尋常手藝皆別有學堂以敎之今歐洲各國未嘗不以英爲法也

初二日率參議梁誠參贊汪大燮乘火車至英女主維多利亞墳塋墳在倫敦西北相距七十餘里其地本有溫則行宮爲維多利亞歇夏游息之所維多利亞即位之二十四年其夫阿勒帛薨維多利亞親爲擇地建塋自留生壙於右至是遂合葬焉其塋制文石爲槨四隅立銅人各一槨上臥白石像覆以被貌惟肖上建屋宇中隆旁殺圓顚覆琉璃以通光築石爲柱極輪奐壁間立石像皆立功大臣後壁懸油畫繪耶蘇故事設香案爲女冠誦經處

余先與外部商仿酯邸赴德時至威廉第一墳塋故事循西例贈花圈外部
蹕之以奏英主故英主遣宮車候迎於車棧守塋官候於門西禮極簡惟至
塋前一鞠躬覽一周而退案女主爲英主維廉第四之從女根的丢克之女
當中國嘉慶二十四年四月某日爲西歷一千八百十九年五月二十四日
女主生迨一千八百三十七年六月維廉第四薨無嗣英民遂奉女主立之
年十有八歲三十八年六月二十八日羣奉女主詣倫敦大禮拜堂行加冕
禮是爲英國大君主七十七年正月一日頒詔於印度國德里故都晉君主
尊號爲印度國大皇帝女主爲人性行淑均卽位而後英國商務蒸蒸日上
遂洎今兹不可謂非歐洲之賢主已

初三日在廣閲英史乘諸書案英吉利古係土番部落漢時爲羅馬所據齊時羅馬軍退遂有北狄蘇格二部居之厥後英人攻克北狄蘇格併其全土爰立國號稽其世系共分八朝曰薩索尼曰諾爾曼曰北藍大日奈曰蘭加斯得曰約克曰都鐸爾曰斯丟亞爾的曰孛侖瑞克薩索尼朝君曰伯勒瓦爾七王曰以格伯以愓無以愓保以愓伯以愓勒亞弗勒曰義德瓦第一梯亞斯丹以德門第一以德勒以特維以特加義德瓦第二以愓勒第二以德門第二曰加紐的哈羅德第一哈的加紐曰義德瓦第三哈羅得第二是爲薩索尼中興之世諾爾曼朝君曰維廉第一第二顯理第一士提反北藍大日奈朝君曰理顯第二理查第一約翰顯理第三意德華第一第二第三理

查第二蘭加斯得朝君曰顯理第四第五第六約克朝君曰意德華第四第五理查第三都鐸爾朝君曰顯理第七第八意德華第六女主馬利依利薩伯斯丟亞爾的朝君曰惹迷斯第一查爾斯第一格朗它總統是時創立共和政治計十一年曰查爾斯第二曰惹迷斯第二曰維廉曰馬利夫婦同聽政曰女主安孛倫瑞克朝君曰翹而治第一第二第三第四曰維廉第四曰女主維多利亞其世系如此國中有議院二一爲爵紳議政之所爵位貴人及耶穌教督處之一爲民紳議政之所民間才德過人者處之有大事君主諭首相相告爵紳院聚衆共議參决可否然後諮之民紳院必輿情相洽始布之政否則寢其事勿論民間欲舉一事必先陳於民紳院詢謀僉同斟酌

無弊然后上之爵紳院可行則上之首相而聞於君主否則報罷國人分三等一曰五爵二曰紳士三曰鄉民五爵惟長子得世襲紳士由府邑公舉民人分數黨曰保黨以自守爲宗旨曰公黨以大同爲宗旨曰合黨則以英倫阿爾蘭合一爲宗旨凡所設施大抵習於霸術而朋黨相爭必視民情爲勝負其政治崖略如此

初四日辰正霧旋雨甚考英國雨度最多每年東南各境約得雨水三十四英寸西境及山地約得雨水四十八寸至五十寸不等總計每日約得雨水百分寸之八云申正往游博物院院主導觀東方各國器物首印度羅列各兵器盔胄之屬有全金寶座一次埃及次土耳其次日本旋觀吾華甕器及

象牙雕琢之具極爲精美旁懸禮服旌旄冠蓋各圖又有覺生寺鏄磬一係道光年間物閱竟時已酉正據院主云此不過得四分之一爾余因思戴記玉藻一篇於垂之鐘和之磬女媧之笙簧以及累朝大路崇圭之屬無不備載者非以誇多而鬬靡也蓋宣聖有言形而上者謂之道形而下者謂之器器無日而不新實道無日而不新凡人自少壯以至老耄所歷之境皆屬新境所爲之事皆屬新事能日日從事於學問以推陳而出新庶幾智慧日闢有以盡生人之能事否則睢盱壅蔽立見枯槁惟國亦如之此大學所以言新民之事無所不用其極也自古在昔先民有作厥心胥達此誼於是制器尙象以至新之事覺後覺而復存已往之迹用以驗世運之升降人心之巧

拙而即以考國俗之盛衰至或求其器而不可得亦必橅其形式以被之金石著之載籍皆此意也西人博物院得斯恉已

初五日往看槐爱司泯司得小學堂學堂爲英國世爵子弟肄業之所以臘丁文字爲基礎有生徒二百六十人非王族近支及世爵不得入有史學輿地算學化學畫圖諸館凡專門之學皆於此肇基所謂普通學也晨習體操昏則擊球以勞健筋骨自巳至申分詣諸館輪班肄習生徒衣履一律試超衆則殊其服旁殺後垂以動觀聽得殊服者例得入議院聽議政卒業則入依滕中學堂又卒業則入阿司苐大學堂此三堂皆世爵學也蓋英政悉出上下兩議院上議院紳盡貴族故督敎貴遊有堂拾級而升不能中輟總稽

查學堂大臣導余至各館生徒濟濟舉手爲禮其教習作樂誦經敬祝
聖壽誦畢令學徒比肩鵠立候余出嵩呼以送旋至槐愛司泯司得教堂觀古迹
教堂與學堂衡宇相接爲八百年前老堂傑構巍峨等於新締其初半爲議
院地議員以地狹喬遷悉以贈堂最初議廳至今尚在席地爲階分級圍坐
別一室有地鑪爲英設地鑪之權輿亦數百年物其法得之佛蘭西雕鏤皆
法式英之古先哲王於此議政英人存之以爲甘棠遺愛云戌刻歸
初六日往拜上議院掌院大臣伯爵賀爾斯貝下議院掌院格理內務府大
臣伯爵彭伯樂御前大臣伯爵克勒忍登禮官伯爵波德蘭英后御前大臣
可爾飛爾英駙馬公爵亞其埃爾公爵佛愛夫晤賀爾斯貝賀約管理蘭加

士打大臣世爵希阿佛刑部尚書世爵亞路華士頓前管理印度事務大臣世爵高羅士管理蘇格蘭大臣巴路佛伯爵加令頓世爵巴頓六人候余相見均握手爲禮叙談數刻而散又至金登幹辦公處一覽實爲吾華駐英税司署購置十二年費八千磅英政府認爲中國官產地僅盈畝樓高五重英人商於華者貨出入稽其數以報金與赫承先二人實司其事檔房卷牘盈室編號庋存書室精潔前臨園圃綠棄鋪茵間雜紅紫推窗遠矚眼界殊寬倫敦人烟稠密樓閣婉蟬非卓午不見日清曠若此良不易得金登幹告余曰此地當孔道去各部署俱不遠目前屋值較諸昔年殆增過半矣少頃歸寓時已戌正天色猶未昏蓋倫敦在赤道北五十一度三十分北京偏西一

百十六度三十一分日正午當中國之戌初而節交夏令則日長於北京一時許也

初七日往看曉坳處米都屯小學堂學堂爲平民肄業之所有男女生徒六百餘人有總教習一人女總教習二人學徒自三四齡至成童以年齒分館舍有體操廳事數區廳各有臺總教習吉伯導余登臺而立出生徒演體操教習傳口號俯則俱俯仰則俱仰一舉手一翹足無斯須差吉伯又導余至別廳出齠齔女徒百餘人於臺前左右分立又令年稍長者數人中立演古史事手舞足蹈或歌或泣皆前言往行之可傳者左右幼童亦如所言動以和之蓋與幼童言史慮其厭聞故創爲此法使之深入於心終身無遺忘之

患演畢則於廳事習步法或雁行或魚貫時復參互錯綜如梭如織咸整齊嚴肅無有紊亂致相摩擊者閱畢至各館看教法先至三齡幼童一館列几而坐女師與之語衆幼童皆語惜余不通語言不知其云何也又一館年稍長適教畫几陳橅本手握丹鉛有女師指點而評騭之又至聾啞館師執其手使貼己項下以與語啞徒會其意卽以所言書於壁蓋其耳不能傳聲賴人身電氣相接以達於腦所以教識字也館舍甚衆至於烹調澣濯皆別爲一室貧女於學餘專習之每七日習一次使年長適人工操作也其攻金攻木各有館非習此爲匠人也所以辨物質明體用以合於規矩準繩爲格致製造諸學先聲也吉伯爲余言此堂昔時爲牢獄於十年前改學堂英自學

堂盛行而囚徒日減堂中多一仔冠獄中卽少一赭衣英國君民期於全國囹圄悉爲庠序而止今倫敦有學堂五百餘所國家籌費不少息紳富捐貲不少吝童子游惰不學罪其親罰鍰是以人無貧富無弗學者四民之業非學不精特所學有淺深故所業有高下貴賤貧富由此分則向學之心亦由此篤矣余聞言噤不能答爲備書之如此

初八日巳刻金登幹導觀英刑部上公堂是日適訊案環聽者數十人按察使延余坐余詢其所訊之案原告係開鑛公司初頗獲利繼稍折閱爰向富人設法欲集貲百萬磅爲重振計富人俄延未允公司旋閉歇折耗殆盡遂訟諸官謂富人始允集股百萬磅繼迺中悔以致公司歇業富人謂公司曾

經告貸並無集股之說彼此駁詰良久余遂出復徧觀其大堂各處午正返
寓案英國刑政衙門不一其制有曰上控院權位最尊有曰上公堂一名理
刑司即余今日所至之處有曰下公堂曰理刑廳以上各法堂所理之政分
兩大端一曰錢債理錢財爭訟事一曰刑名理命盜鬬毆事此外又有遺囑
公堂專理民間遺囑析產事不問刑名錢債事也理刑廳不問錢債事下公
堂兼問錢債刑名事均巡捕官聽之然祗有問案之權無審案之權問案者
第問其事之源委曲直審案者則宜援引律例反覆辨難也凡科罪監禁在
六個月以下罰款在百磅以下者可立時斷結否則須上其事於上公堂歸
按察使定讞凡斷結之案兩造不服准其上控理刑廳下公堂所斷者可控

諸上公堂上公堂所斷者可控諸上控院上控院及上公堂作爲專案訊問無發交原審官再問之例如果察知其冤則平反其獄原審官例無處分也上公堂設會審員紳十二人凡國人納稅鈔在五十磅以上者皆得承當臨時掣籤掣得者入公堂聽審按察使旣鞫兩造之辭則比附律例以告於會審各員各員定其是非以告於按察司迺斷結此刑政亦由民主之義也上控院別有刑律顧問大臣數員皆老年望重之士如有死罪應減等監罪應寬限由國民公呈籲請君主得商顧問大臣主之然祇有減輕之權無加重之權也刑律商律皆由議院編纂數年後如有重複歧誤之條議院卽派員修改其科罪祇有死罪監禁罰鍰三端他無繆轕之例律生學三年得文憑

後須訪求著民律師納重費允鈔寫之役閱歷數年或十數年後始得出爲律師云酉刻英主遣外部參贊費乃來約赴伯欽恩帕爾士宮茶會遂率參議梁誠參贊汪大燮黃開甲赴會至則各國駐使及英廷臣命婦之封爵者皆在焉列坐左右英主英后出並立於庭赴會者自右趨左面君后鞠躬而出英主后皆俛首答禮不交談設酒果於别館酌而散

初九日往得格祿司博物院看藏書樓樓書架積長三十二英里庋藏各國今古圖籍三百餘萬種士民有所研究書不備得入堂檢閱讀書堂最高極廣圓而無隅顛覆琉璃光澈几案四圍琳瑯编插高數十級中容五百人各得專席坐設几案具紙筆欲閱某書寫書名投於盈有專司者檢陳於几蓋

四部七略分類編目各註所在每架又別具一目以便檢環讀書堂外屋數重疊架庋書輪其足推前架則後架出升降以電引梯挽車載書而行官私著述成書皆以獻又購求於他國巨室好事者又盈千累萬以爲贈故能閎博美富成此大觀其專門如歷象如樂律如醫藥皆別有室羅圖書設几席以待來學其藏東方書處區分中日爲兩大部藪中國典墳雖不備然通行各本亦十得四五殿本如圖書集成西清古鑑皆以西式裝成儲於篋宋元槧本不多見有宋板巾摺本蓮花經數册有元刻韓文考異明刻大字本貞觀政要皆精絕近復搜求唐人絹本及唐宋人手蹟雖片紙亦珍之典守者出十數紙以示余言得自蒙古喀爾喀部土人掘地得此求售因購以歸有

大歷至正建中等年號紙墨殘毁眞僞殆難辨矣至印度土耳其希臘羅馬及歐洲前賢手迹亦皆羅列中庭余不能識其字通其義而古香古色盎然行間亦殊可愛外院以石爲壁摹刻埃及古碑惜日昃不及摹搨矣是日導余游觀者爲是樓掌東方書籍總理名德諸司能操華語曾爲上海英領事此堂國家歲費僅八百磅近以地狹購旁地三十五方里以備推廣云

初十日往看醫院門外左右立四亭亭容數十人平民有微疾逐日求診者男婦孩童各就列院内屋宇寬敞視疾之輕重分居待治輕疾十餘人同一室重疾一二人占一室枕簟皆備病人衣食取給院中地不毡毯窗不簾幕鏤琉璃以爲几欲其皭然無塵垢也侍病多婦人所躡履皆以軟皮爲底慮

有聲驚病者也設火鑪以袪寒插鮮花以收養氣余歷觀十餘室大致相同
割證別有室光明洞達刀圭具備臥具滌器皆用琉璃文石爲墻其光可鑑
其儲藥製藥各有所以化學化分藥質別頁稽究功用皆醫師自爲之藥品
中有毒性者加識別於瓶有骷髏室儲人骨甚夥各標其疾蓋西俗凡奇病
死者或自願捨身寫供存案俟其既歿則剖屍視疾因是得以通癥結惠來
學此院歲治萬餘人來者弗自給費亦不取給於官歲費由富紳捐助有盈
則置產生息英倫一處醫院凡五十區各有學舍儲醫書教生徒卒業亦給
憑然後行其術其慎重如此

十一日往看英蘭銀行此行創始於西歷一千六百九十四年迄今三百八

年矣雖名爲國家銀行而資本實集自民間惟代辦國家稅賦諸事故國家獨給憑照認爲國家銀行創辦一百九十年間獲利甚微所製鈔票民間亦不信用至英相披而總度支時始定銀行章程頒全國之爲銀業者一律遵守此行爲國家命脈所關有專例尤嚴密通行至今未嘗增損其異於他行者有三端一曰債票國家有急需租稅不敷則貸於民謂之國債出票據以爲質皆由此行經理有二百人司其事國家給經理人及製票費有定數合國債萬分之三然國債若多於六百兆磅則減其半今英國國債約有七百兆磅其利息則約三釐左右二曰鈔票國家惟此行自領國債票四百萬磅又貸與國家一千一百萬磅皆以國産爲質並給利息是此行存於國家之

磅實有千五百萬故所製鈔票惟千五百萬磅銀行中無存金此外鈔票無定限惟有票必有金不得浮溢今銀行存金三千七百萬磅所出票僅二千九百五十萬磅除其千五百萬有國家產業相抵則此千四百餘萬尚不及存金之半矣三曰賦稅國家所入賦稅盡歸此行此行亦能任意行運國家並不取息惟屆應付國債利息之期若有不敷則歸此行墊給國家亦不復付息凡此三端與他銀行有别現在他銀行雖有自製鈔票之權然皆不甚通行公議專用此行鈔票付磅兌票以利民用其造票機器製票甚捷每日需出六百紙方能敷用此英蘭銀行章程之大畧也其辦法收鈔必截角收帑必過權權帑以機頃刻千萬枚有不中度者則儲之金帑雖堅然行久必

剜而輕重鑄之所以堅民信國家緣此歲耗二千萬磅弗吝也銀幣値微摩蝕弗較穴地以儲幣累櫝以儲鈔皆重扃數人司其鑰非周知弗能啓也民有資於行者公舉二十人爲董事五載一任稱職得蟬聯董事資深望重則舉爲總董兩載一任滿則退造鈔之權歸行造幣之權歸國造成則藏於行名爲行實國庫也守夜兵五百人環行而宿夕至晨散行酬以飱餉給於國余又至造幣局一覽區分三品餅篕駢羅其行於藩部屬地必載文於幣故模範尤夥日出幣以機稽其數滿千則停總辦告余曰此新法也地狹事煩一機抵百人矣余按泰西各國分銀行之種類有官家之銀行有各業之銀行官家銀行政府所立爲國家理財關健各業銀行則與人民爲借貸存金

之業其製發鈔票之權惟官家銀行得有之至於章程則各視國家財政之進步以爲轉移未可一概而定觀於英蘭銀行可以心知其意矣旋至滙豐銀行一覽並拜倫敦府尹酉刻歸

十二日午後往觀華勒斯博物院華係英人創建此院殁後捐諸公家是院多儲各國武庫冑鍪之屬均千年以前舊物又羅列油畫暨各玩具均精美酉刻歸張在初星使來談及上年賠款約載用金付給或按還日之市價易金付給中國用銀款覈付目前金價日昂照上年市價賠款已暗增二成近接外務部電以中國賠款過鉅民力不逮深恐激成變端於商務有礙特囑向英政府妥商照約載銀款四百五十兆兩按上年四月初一日市價易金

付給以免受虧云云余謂賠款一節誠中國大可憂之事也當庚子以後財政未及整頓賠款數鉅期促民力幾何詎能經久至論中國錢幣之制尤有亟宜預籌者外洋用金中國獨用銀人第知金價之貴有謂西人當中國還款之期屢抬其價以罔利者非通論也要知中國所以受損不在金價之貴而在銀價之賤外洋多用金銀祇以輔金之不足銀鑛日開銀益多而無所用於是銀價日賤以美國銀黨之盛而終不能勝金黨則銀與金之不敵可知也從前金磅價值由銀三兩馴貴至八兩異日由銀八兩或貴至十數兩二十兩銀價擬於銅價亦未可定則中國無論賠款還款即商戰亦萬不能支矣爲今之計惟有自製金幣以爲抵制案尚書禹貢金銀並重管子論黃

金刀布三幣最詳史遷平準書班固食貨志載金銀並用之法尤爲軒豁中國用金本古制也第處今日而製金幣其勢亦有甚難者一中國出金太少二鈔幣未行民不見信而其本務之難則尤在於用人蓋自古以來原無有利無弊之事錢法一事大利所在則更爲弊藪之所叢集然國家行一法舉一事固不得以事之多弊而遂不爲亦不得以事之多弊輒歸咎於法而不知歸咎於人也今中國金誠少矣然試稽海關出入貿易總册每年中國金出口共若干萬其可稽者如此不可稽者又不知若干萬是宜先行嚴禁也各省金鑛迄未開採慈石丹砂見棄終閟是宜設法廣爲取用也外洋如澳大利亞等處産金較夥宜與訂立合同每年收買若干如是則鼓鑄不虞匱

乏矣至行鈔票之法自以民信爲第一宗旨若民不見信則無事可爲豈特錢幣一端而已而取信於民之法則以用人爲第一要義今宜愼簡廉明公正之士詳攷各國銀行章程斟酌參用先設國家銀行於京師約計成本金款若干銀款若干先製金幣鈔票若干復製銀幣鈔票若干以爲之輔銀行以此發戸部以此收先行之於商家次推之於外埠如是則大本立矣然此事固宜愼之又愼倘有絲毫闗礙則天下之命脈皆爲掣動此用人所以爲始終之本務也又現在議訂商約雖議加增進口稅然中商在外洋既以金款納稅則中國海關征稅自應一律以金磅價覈算實於國家進款不無裨益按公法收稅爲本國自主之權況此事尤爲公平易簡之法各國亦豈能

不允詩云周爰咨謀又云其則不遠願爲當軸陳之

英軺日記卷五終

英軺日記卷六

五月十三日率同參議梁誠參贊黃開甲唐文治並金登幹之子金樂培往觀愛司福忒學堂離倫敦約二百里巳刻登火車行約一鐘之久沿途山勢廻環平疇競綠風景絕佳午初抵愛司福忒是處學堂共有數十處金樂培導余先至一處有學堂司事官候於門先導觀藏書樓次歷禮拜堂堂屋深邃石梁高十數丈均數百年前舊搆教師之有名者歿則卽葬於內刻石像於楣並略記姓名事蹟以爲表識次觀學舍俱軒敞精潔窗前均供花籃一具學徒皆靜默覃思不聞咿唔聲次觀試院院極廣兩旁列短几櫈約可容千人是日適試期諸生甫散有數名綴筆卷尾尚在搆思試官高踞正座眡

遠必察余詢其題則富强策也次閱公堂爲獎賞學徒發給文憑之所觀畢司事官延余坐馬車至一河畔河爲達迷斯河分支沿岸綠樹成陰芳草披拂河中維艇數十皆懸旗書某學堂某學堂字樣余登其舟重門洞開四圍周以玻璃書籍報紙鉛筆之屬無不具蓋學徒夏日課餘則於兹納爽所以爲遊息地也旋登岸返學堂午餐同席自司事官外一華學教習一哲學教習一律學教習一教門教習一本國史學教習一羅馬史學教習一算學教習共七人華學教習名柏樂客曾在上海臺灣充當領事能操華語畧與款譚飯後又觀學堂數處略如前式蓋是處學堂俱係專門之學堂學徒年自二十歲以上習普通學已成就者方准入内肄業各堂創設年分有近有遠

凡名儒名相之出其中者不可勝數洵大雅宏達之囿巳酉正仍坐火車歸

晚飯後與參贊汪大燮唐文治論哲學源流汪唐謂西人之哲學卽中儒之

性理人必養心而後能治事是以經濟根於學術余深韙其言蓋西人論學

輒謂念者事之基萌一念而事卽隨之故治念然後可治事治事亦卽所以

治念此卽戴記所謂慮而后能得而王文成所謂知行合一亦此旨也抑余

更有說焉學問之事支派雖出萬涂而其要在於求樂不獨孩提之童道在

善誘卽中人亦如之苟不知求樂而自溺於苦境則智慧日窒學術廢而事

業隳矣故上智之士爲學者無弗導之以樂卽境以養其心藏焉修焉息焉

遊焉優而柔之饜而飫之如此則性情靜適聰明日生而天下之事畢舉矣

周茂叔尋孔顏樂處斯卽哲學之根本明鹿忠節著尋樂大旨厥誼精微近今斯道衰息久矣因論西人學派特揭之以告當世之爲學者是日英外部派參贊王安來照料一切王安曾充駐京使館參贊畧習華語現甫從北京回國余畧詢京中情形囑其逐日來寓以便接洽

十四日巳刻赴紐瑪鉛看跑馬蓋泰西各國每於春秋佳日馳馬比賽其圍場必擇荒郊空曠之處所以資遊玩角材力也計英國境內紐瑪鉛有跑馬場九處騰喀斯德有跑馬場五處愛潑桑有跑馬場三處葛特胡有跑馬場一處利物浦有跑馬場三處約克有跑馬場二處此跑馬場卽紐瑪鉛之一毛馬齊色騰驤沛艾絕阬踰斥詢盛觀也余案車攻馬同詠於葩經旣伯旣

禱先儒以爲馬祭之詩而月令季秋之月習五戎班馬政馬政之宜飭由來
尙已蓋古人於文事武功兼營並重是以射御之藝比於禮樂凡在搢紳之
士方領之儒畢能馳馬試劍以習筋骨而適心志三代以降此風稍替然如
孟堅兩都平子二京子雲羽獵枚叔七發敷陳田獵之事靡不奔嗜逞欲旭
旭洶洶雖詞臣藻飾亦可見當時之好尙也魏晉而後猶復講肄馬射魏元
帝立馬射臺於陂西文帝於馬射之前先行講武之式尙不失古者教誨調
一之意自唐宋以來重文輕武訓文有典教武闕如於是馬政廢弛圉人失
職冀北秦西縱多駿驥而世無伯樂其伏櫪以悲者不知凡幾我
朝以騎射取天下熊羆之旅昔稱無敵迄今校閱八旗子弟猶以騎射爲主誠以

生人之筋骸氣血不可不日調也抑磬盤旋具有發揚蹈厲之概若朝夕窳之則苶然而不振矣洒溝瞀之士迷謬不省矩步高論充然自滿語以武事爲儒者所習則撟舌而莫知所對是故就氣習而論則晚近之士夫日即於脂韋就體質而論則晚近之士夫又日流於脆弱其故安在殆有驅之使然者然則跑馬雖遊覽細故要可覘國民强弱之幾也是日聞英君主病赴跑馬場實勉强支持云

十五日在廨閱新聞紙考英議院之制其權極重蓋英雖稱君民共主之國然實民權爲重君權爲輕凡一切用人行政賦稅出入法制禁令營建工作及與列邦會盟戰守之事其事皆出於議院君主簽字畫諾而已其上議院

曰勞爾德士一名比爾士下議院曰高門士議員凡三百餘人各分黨與視民舉之多寡以爲勝負某黨勝則某黨出而爲相其六部大臣卽由宰相擬派名爲君簡實則民舉也某黨負則退位然常箝制勝黨之事彼此爭辨斷斷不休原其心實爲公而不爲私以故勝黨懼授以隙舞弊之事絕少君主歲需經費以及皇后皇子公主等用費亦均由議院議定其數絲毫不得增設或不敷君主可告於議院或增或否增或多或寡亦由上議院覈定不稍假借大臣歲俸不過豐宰相每年以八千磅爲度上下兩院則俱無俸高門士之權更在勞爾德士之上有事上院議定下院意有不合立可駁斥踰三次上院不得不更正與國議和議戰事亦視下院宗旨如有戰事迫不及待

則由部議准君主簽字然仍視新聞紙論議以取進止各新聞紙以戰爲非則議院可不允發餉如以爲是則如撥款加稅諸事議院可次第籌行至六部諸事議院亦有稽察之責如議某事關涉某部者由議院先行知會該部屆期派侍郎一人入院面議推闡詰難務盡厥情遇大事則請宰相入議宰相曰可議院曰否宰相曰不然議院曰然則宰相所以可否之意嚮必須明白宣示不得稍有徇隱惟外交和約章程之屬應行秘密者暫可不宣然和約章程宰相雖有核定之權如宣示後議院有所指訾告於君宰相應立退不退須延國人公論如公論亦以爲非則非退位不可英國民權之重如此然或辦理國是有所舛誤則國人皆歸罪於執政不聞咎及君主此則明定

憲法之效所以民權雖重不至啓犯上之漸也
十六日往看倫敦製造廠是廠專鑄槍砲子彈規模宏大周圍十數里廠內往來皆以火車新式最大之砲子重千二百磅後膛機器啓閉靈敏鑄時先成鋼柱以鋼刃鑿膛開綫千百不爽毫髮每鑄一砲閱九月始成惟每事接續連鑄故成物衆不覺費時積日新法以鋼條爲繩密裹砲外其引繩機器重力極大此法已經疊試永無炸裂之患有一室排列各式槍機砲機以較速率總辦導余遊此引電發機頃刻數出此廠毗連武備學堂乘火車往學堂總辦爲提督某迓余入並備午餐詢知該堂生徒三百人分四班四年卒業歲取七十五人新舊迭更其考取新生以年十六至二十普通卒業兼精

算術者爲合格入堂甚難功課尤密卯初上學酉正罷學其中僅得遊息半時新進四人居一室餘獨居學舍狹陋令習苦便行軍也惟洒掃甚潔人日一浴衣履塵垢亦有罰增其課演砲有臺試槍有的有講堂有操場鑿池以效涉畫溝以習跳往昔生徒建功名成事業者皆題名廳事每飯屬目又羅古兵器如劍戟弓弩之屬以較利鈍英國陸軍將領盡出於此今以近年特國交戰將小變教法以期精進惜是日適諸生就試假期不及見其傳授之大概也

十七日申刻往遊萬生院院景寥廓茂林幽邃堂密美樅荑柯散葉修竦有致院主導觀虎豹獅象之屬珍禽班尾奇獸編棧多不知名者文馬極馴擾

西人謂之駁馬余案史記司馬相如傳駕馴駁之駟注駁如馬白身黑尾一角鋸牙食虎而駕之以當駟馬此馬文身無角是不得稱駁馬也復觀陂塘圓波一漚蓄穿山甲二投以魚出水銜接贔響奔駛殊暢詭覽酉初歸考英京各衙門其權約分三等一行政一理事一稽察之三者大綱釐然庶務自理行政衙門者何樞密院戸部海部兵部郵部藩部印度部是也理事衙門者何商部農部工部文部及本省政務處是也稽察衙門者何議院是也樞密院之制爲各衙門領袖首相專主其事首相所設施必禀承於君主也院自首相而外有政務參議大臣一員掌印大臣一員凡議政事首相參議大臣暨戸海兵三部大臣咸與其列惟各部大臣不時至有大事則咸集詢度

既同迺發號令此所謂行政衙門至理事衙門則承行政署之意旨奉行厥事無主宰號令之權若稽察衙門則有阻止政令之權譬諸文部定於某處建學堂於某塾改課程告諸樞密院施行議院不謂然即可集議阻止文部不得而違樞密院亦未能相强也然若斯之事亦不常覯蓋理事各部亦必先與議院各員斟酌妥善意見相洽斯上之樞密院耳余因思樞密院既有行政之權則其權力似當在議院之上何以清議常伸幾若有太阿倒持之勢迨考英國史乘始知從前樞密院與議院其權本相頡頏因斯丟亞爾的朝之君查爾斯第一好實无厭專尚壓力與高門士爭權不已煽虐搆釁國以大亂於是高門士爲首有名不勒少者殺查爾斯第一別立會以理國事

緜是下議院之權日重而樞密院之權遂輕斯亦英國職政變遷之一大關鍵也

十八日早聞英君病加劇加冕有展期之說蓋所病係患腸癰老年氣血衰頹故未能支持也申正赴泊錫花園茶會倫敦府尹作主畧與款譚旋歸庽戌正英后請博慶漢宮大宴蓋英君因病未能款客故由英后爲主余率參議粱誠參贊汪大燮黃開甲並英外部參贊王安晉宮至則參議等竢於樓下余偕王安登樓少憩德國專使亨利親王是日甫抵英特見余畧譚數語少頃各國專使齊集英后出見握手致詞畧謂君主適患採薪弗克親自款待艮深歉仄云云余命王安譯詞對答慰問王安旋退出余遂入座約四刻

許宴畢歸已子正矣考英國屬地最夥其在歐洲者三處在亞洲者十四處在非洲者十七處在美洲者七處在西印度者八處在澳洲者十一處或設總督或設提督或立酋長或立蘇丹或設公司或設委員不一其制一切政治律令其小者君主與藩屬逕行商定其大者則須與議院及樞密院覈議君主可簡親信之臣治理藩屬之事而藩屬議院所議定之事如君主意有不合可不允行也至君主管轄藩屬之權各有分者約而言之共有四端一祇設總督不立藩屬議院有事君主與議院樞密院定議一由君主派出總督專主藩屬之事倘總督治理或有不公則藩屬可禀告英藩部由君主與議院覈奪一藩屬自設議紳院管理地方瑣事其權在總督行政衙門之下

如有與政務關繫之事行政衙門聚議時議紳院可派二人往聽之至議紳院所議仍須上之行政衙門酌定施行一藩屬自設上下議院亦可自定律例稅則惟遇調兵征餉暨與英國交涉之事則由總督主政其內地一切治法均歸藩屬自主之四端者權限雖各不同然倘遇訴訟不平之事則英之議院皆得而主之也藩屬之中以印度爲尤著故藩部而外別設印度部專理印度事宜印度大臣所定事有知會樞密院者併有不知會樞密院者其權如此印度設總督一巡撫二又有議事大臣按察使均由君主簡派印度部別有參議官十五員則由印度部大臣酌派此十五員中必須有九員曾在印度居住或當差逾十年者派定後在任以十年爲率留任以五年爲率

如有品行不飭或議院指爲不勝任者則隨時撤退然印度大臣事權雖重亦有可以專主者有不能專主必與叅議各員公商者可以專主者若總督廵撫辦理邊界交涉之事君主意有不洽卽應隨時更正又如總督廵撫以下各官升調遷轉補缺諸事是也必須與議員會商者如印度錢粮如何開支或印度土酋借債需以錢粮作抵以及印度製產賣產抵押之屬及增添官額開復革員諸事是也至英議院於印度諸務雖槪得預聞而其得專定者不過數事一界外交戰須撥用印度錢粮二界外交戰所以動支錢粮之故及何日開戰應預先咨明一考進印度部當差章程有所更易一叅議各員任滿留任一印度部官員或須增添額數及加薪水等事要而言之凡事

之易滋弊竇者俱由議院稽察所以相維相繫而不至各聽其私也

十九日往拜德國專使亨利親王日本專使小松親王並美國專使等午刻聞英君腸癰已經醫生剖治須俟旬日後方保無虞加冕決定改期爰即電達外務部請
旨慰問旋赴宮門致候書名於簿而返考英外部之制有上侍郎二人一則久任不易一則視公黨所舉復有下侍郎二人襄辦各事有藏書樓總管一人和約處總管一人其餘則皆書記官也外部大臣應辦之事一接待各國專使駐使引見君主二凡本國各國人民及各衙門並本國在外各駐使領事寄到信函分別答復三凡一切外交國是隨時酌定至收掌文函由書記官專

司其事收到後呈上侍郎上侍郎呈首相首相分別准駁告知上侍郎上侍郎條次其事應由某股承辦者卽發交某股書記官作覆如遇交涉緊要之件本國駐使有要電或要函寄回則須另錄三分一呈君主一呈首相一呈久任之上侍郎倘所事君主不能遽定應行會議者則須將原電原函再錄數分呈樞密院大臣隨時集議至與各國議和議戰則君主必須與樞密院議院會議議院雖無定和戰之權然樞密院議定後如議院意見不合卽可直奏君主徑行駁斥甚者使樞密諸臣不安其位是和戰之權雖操於樞密而和戰之事實決定於議院也然議院之權雖在樞密之上而百姓之權又在議院之上據西歷一千七百八十二年美利堅欲自主英人不允與血戰

四年英議院旋欲准美自立英相卽設法與美議和是議院之權在樞密之上斯一證也又據西歷一千八百五十七年英與中國搆衅議院多不謂然英相集國人公議國人悉舉言戰者爲主諸不欲戰者皆退位是百姓之權又在議院之上斯亦一證也惟和約條款須由君主與首相作主而議和之後倘需百姓輸貲則仍當與議院商定故和約常有聲明簽押後須由議院覆覈方可作准者亦有先與議院覈定然后簽押者此英國辦理交涉之大綱也

二十日早起聞英君病勢頗險殊焦悶酉刻英外部遣員來致謝畧謂各國專使均已呈遞國書賀禮已成君主不勝感荷現以病勢正劇未能款待請

宴㫐用抱歉特遣致意辭謝等語余因命參贊陶大均往探日本專使小松親王知已戒行期因與參議梁誠等商定啓程日期少頃王安來言瀾侯訂於明日三鐘來拜余諸之考英國戸部定制以預算法爲先務之急預算既定則經制出入自不至有匱乏之虞每年必先將明後年進款核定若干再將明後年應用正款核定若干每款經費嚴定數目他項不得撥用核定後造册宣示如用費稍有浮溢議院即可酌減蓋禮記所載冡宰制國用必於歲之杪即此義也至其理財要旨不過二語曰取之於民用之於民蓋戸部定例除內府經費及戰務經費官員俸薪外苟非爲民間舉辦之事即絲毫不得妄費其意若曰官者迺爲百姓分理庶務之人即爲百姓總司經紀之

人也余因考其戶部預計一千九百零三年進款清單內列關稅三千二百八十五萬磅五穀等稅二百六十五萬磅貨捐三千二百七十萬磅產業等捐一千三百二十萬磅印花稅八百七十萬磅地稅七十四萬磅房屋稅一百七十六萬磅家私並進項捐三千八百六十萬磅以上皆入稅項者又郵政一千四百八十萬磅電報三百六十三萬磅國地租費四十七萬五十磅蘇彝士河等股票八十八萬磅雜項二百萬磅以上爲不入稅者共計進款合一萬五千二百九十三萬五千磅出款清單內列國債利息一千八百三十六萬磅戰債利息四百四十萬磅別項不還債利息一百六十四萬五千磅國家房屋捐一百一十五萬五千磅陸軍及砲廠費六千九百六十六萬

五千磅海軍費三千一百二十五萬五千磅職官費二千六百四十四萬八千磅關務費並內地稅務費三百三十九萬磅郵政費九百七十六萬二千磅電報費四百二十一萬一千磅運船費七十七萬九千磅别有備用費一千七百七十五萬磅共計出款合一萬八千八百四十六萬九千磅除進款一萬五千二百九十三萬五千磅相抵外實不敷三千五百五十三萬四千磅應别籌他項開源之法或前數年比較盈餘之款以彌補之又考其內府經費每年君主用費六萬磅宮內各官等俸薪及養老費十三萬一千二百六十磅內府日用開支十七萬二千五百磅預備君主賞賜及一切善舉一萬三千二百磅其他雜項並不時之需八千零四十磅著爲定數內惟養老

費可以加增每年加至一千二百磅爲限按戶部例凡國中用費均由戶部大臣驗數惟內府經費除養老費外均可毋庸驗數又議院例凡國中用費均須咨明查覈惟內府經費除養老費外亦毋庸咨達議院此英國經制度支之大綱也

二十一日早起聞英君疾自剖治後神氣已有轉機亦稍清醒又聞昨晚英民至宮門問候者約數千人聞君主略痊相率驩呼巡捕亟告以君主須靜養毋譁一語之後衆聲寂然人心固結如此有足多者午後德國亨利親王來答拜英外部瀾侯來拜余聞各專使均已陸續辭行因與商訂辭行日期瀾侯言明日三鐘英后可以接見譚數刻瀾辭去考英兵部之制凡簡派兵

官須由君主發給文憑君主並無養兵之權養兵及軍餉若干均由議院作主軍律及行軍章程亦均由議院議定國中有常備兵有民兵常備兵者何曰步隊曰馬隊曰砲隊曰工程隊曰轉運隊曰糧臺其責任分三類一駐守英三島地一駐守印度一駐守各屬地駐守本國境兵遵本國軍例駐守印度兵官暨各兵亦遵本國軍例惟印度土兵則遵印度政府所定軍例如與英兵合隊則遵英軍隊例駐守各屬地兵如駐守印度兵例各屬地土兵如印度土兵例英國舊制君主可隨時練兵亦可隨時遣散自西歷一千八百四十七年始定今制由議院作主國民皆有當兵年限步兵以十年爲期馬兵以十二年爲期期滿後有酌留再充一期者則可當至二十年至二十四

年兵官自得君主文憑命爲將帥則以身許國非國家撤退不得自行乞退
民兵者何曰義勇曰團練步兵曰團練馬兵義勇爲内部大臣所轄國人自
十八歲始至二十歲止籍其名登諸册其數亦由議院酌定如議院議於常
備兵外增添義勇額數若干則稽諸簿掣籤應用其制與常備兵一律操演
惟不受餉不出征歲時會操少則二十一日多至二十八日爲率悉依軍例
團練步兵團練馬兵則視民間所願習無定額團練步兵内有砲隊有工程
隊有輕裝馬隊然總以洋槍隊爲主如與常備兵或義勇會操亦遵軍例無
專操之時也團練馬兵有專操之時隨事之緩急而定奉軍例與常備兵同
國有變故可令團練馬兵彈壓團練步兵不與焉設遇敵人侵犯國境議院

議准調團練步兵團練馬兵若干應用卽應如期會集出戰蓋英國陸師之
制其可考者如此
二十二日申刻率同參議梁誠參贊汪大燮入宮辭行英后出見深致謝悃
並達歉忱敬寄請
皇太后
皇上聖安余命梁誠譯詞答謝訖旋歸寓擬賀禮告成由英啓程日期奏稿飭供
事恭繕戌刻由出使大臣張德彝處接奉電
旨一道欽奉
懿旨英君因病加冕展期甚爲廑念著載振傳旨問候欽此當卽恭錄並飭梁誠恭

譯轉達英外部面晤濶斯登商定於明日親往呈遞云考英海部之制有領袖大臣一人又有副大臣數人統稱大臣以下分股專司各事曰造船股曰驗船股曰造樣股曰機器股曰驗機器股曰砲股曰銀錢支銷股曰測算股曰書記股凡議造兵輪先由驗船股驗定舊船若干無用應造新船若干卽由造樣股覈定式樣或鐵甲或魚雷或快艇之屬呈於海部大臣定准後再由機器股核定噸數若干馬力速率若干再由造船股覈定用木若干用鐵若干再由砲股覈定大小砲位若干砲位應置某所然後由銀錢股估價定議或由官廠承造或由私廠承造海部上其事於君主君主與樞密院商定發交海部海部再知照戶部會咨議院造成之後如原估之價或有不敷議

院可酌量議增或有贏餘則專款存儲爲下屆造船之用海部報銷各款亦歸議院作主如報銷之數過多議院應派出精習海軍事務數人赴海部查覈倘委係核實開支卽予准銷海部有事亦得派侍郎一人赴議院會議至有時議院建議應增造兵輪若干艘可逕奏君主轉飭海部辦理海部飭各股覈定如前卽覆奏君主迅速承造蓋近來歐洲各國多務聯盟爭相雄長英以水師立國尤以兼人爲旨故海部或有未及規畫議院先建議增造兵船之事往往有之此英海部造船之條例也

二十三日早英外部大臣濶斯登來寓言呈遞電

旨事英君例應當面祗領現以病體未痊委難支持極力堅辭余因恭賫電

旨親赴英外部請其轉遞酉刻瀾斯登復來傳述英君接奉
懿旨不勝紉感並以邇日已逐次就痊囑爲轉奏等語當卽電達外務部祇請轉奏
藉慰
廑垂並擬奏片一件飭供事謹繕戌刻赴金登幹寓夜讌亥初歸考英國水師各
官均由學堂出身選派之例有由君主簽字者有由海部簽字者君主簽字
自提督至千總爲主百總以下則由海部簽字兵官之長曰正提督次副提
督次後提督次總船主凡遇戰事正提督歿副提督代之副提督歿後提督
代之後提督歿總船主代之以故船主亦無不嫻習號令紀律之事從前兵
船水手多有立戰功升至提督者現則兵官一律由學堂出身應講求測算

格致諸學故水手僅升至百總而止無有更至提督者各兵官如陸師兵官例非國家撤退不得自行請退千總以上升調補缺革退諸事提督主之百總以下升調補缺革退諸事船主主之提督所主奏於君主船主所主咨於海部設有不公兵官可訴於議院議院得提案研訊水師兵餉發於海部學徒在學堂卒業得有文憑者在兵船當差三年得爲百總兵船水年均歸管轄各兵及水手犯罪重者别有水師監禁處統歸海部管轄水師軍例凡一切交戰章程均由海部專主一切防堵事務均由提督專主海部所轄兵輪之製不一其名亦不一約而言之曰鐵甲魚雷砲船此爲常備戰船曰駁船曰屯船此皆舊兵輪改置均設管帶各官可資助戰曰巡船以巡緝各島口

岸亦能助戰惟不出口曰預備戰船係於公司商船選其合式者用以載兵運餉置砲位亦入戰隊曰後備兵船常備兵船有傷亡則用以挑補曰緝私兵船則又分隸於海關余覓得英國近年水師兵船表命參贊黄開甲譯録計英現有鐵甲魚雷砲船五百四十八艘駁船之屬九十一艘屯船之屬四十九艘巡船一百零七艘預備戰船五十艘後備兵船九艘緝私大小兵船五十四艘統計英國共有兵船九百零八艘師船中設有繙譯官又别有陸兵繙譯須通各洲各國方言陸兵無事則習風濤充水手諸役有事則登岸羽翼水軍遙爲犄角此又英國水師規制之大畧云

二十四日早起拜發奏摺奏片並發外務部文件交駐英使館轉寄未正偕

諸參隨等赴達迷斯河一游夾岸文樹幽翳嘉卉繽紛笙歌之音繁遏相答河中泛小舠僅容兩三人爰命繙譯卬須載登方舟泳游足資容與游畢赴客店晚餐聞上游風景尤勝惜時已曛黑未及周歷命駕遄返抵寓已交亥正矣考英國商務致盛之始迄今約四百年從前歐洲開闢商務最先之國曰希臘曰羅馬曰西班牙曰葡萄牙此皆居歐洲南境在歐洲北境者惟丹國一隅英人通商之初稍稍與丹合力寖師其法然祇在近島口岸經營未遑遠賈迨後丹之水師爲英所敗英國勢勃興一意振頓商務遂爲歐洲之冠又推擴及於他洲無遠弗屆原其宗旨厥有兩端一曰堅忍一曰自然從先希臘各國商務由盛而衰偶有蹉跌每至一蹶不振英人則善持盈虛息

耗之數輒能再接再厲此固由合力之厚亦由其秉性堅忍實有爲無弗成成無弗久之志也至於自然之旨尤爲商務第一要鍵蓋官之於商祇任保護之責自商稅而外凡一切貿遷生計皆聽民所自謀無有用壓力以摧折而鹵庸之者此商戰之所以輒勝也史遷之論貨殖曰善者因之其次利導之其次教誨整齊之最下與之爭郭橐駝之論種樹曰其本欲舒其培欲平勿動勿慮去不復顧他植者旦視而暮撫甚者爪其膚以驗其生枯而木之性日離斯數言者皆自然之本英人用其術以治商政不特無擾累之事亦絕無牽肘顧忌之憂是以元氣煦育和義而美利生焉至於商稅之則其權操諸議院而舉議員之例其權又操諸商民命脈貫通聯絡一氣斯則無待

發徵期會不求而民自出之是故余入英國考其工業自織布造船而外他無所聞也詢其土產自煤礦而外他無所聞也然其商務卒能甲於地球者蓋由前之說俶落於民性由後之說茇滋於國政非無故矣當中國乾隆年間英倫有斯密亞丹者著原富一書綜論工作之巧拙本末之重輕又論賦稅鈔幣之法最爲完備而計學家有名羅哲斯者嘗推闡其義云國家害富之事邦國外侵不若庶民之內訌庶民內訌不若秕政之時行又曰上惟無擾爲裨已多而一切上之所應享下之所宜貢則定之以公約斯義昭然蓋國家所以積貧致富之繇判於斯已余覓近年英國商務進出口貨值表不得僅得西歷一千八百九十五年貨值數目清單計進口貨值英國本國五

垓二京九兆零零三千四百五十七磅印度屬地五京九兆三億二萬三千九百一十磅亞洲屬地三京一兆零三萬一千四百六十三磅非洲屬地二京七兆六億四萬一千七百八十七磅美洲屬地二京七兆五億七萬九千二百零三磅西印度屬地五兆八億六萬七千六百八十七磅奥洲屬地六京五兆九億五萬九千九百七十七磅出口貨值英國本國二垓八京五兆六億零四千四百九十三磅印度屬地六京六兆零一萬三千八百二十磅亞洲屬地二京七兆一億零一千五百五十五磅非洲屬地二京七兆三億九萬七千三百二十一磅美洲屬地三京一兆六億九萬二千六百四十九磅西印度屬地五兆零八萬一千一百六十磅奥洲屬地七京二兆八億三

萬六千三百二十磅統計進口貨值七垓四京六兆四億零七千四百八十四磅出口貨值五垓一京五兆七億三萬零三百一十八磅

英軺日記卷六終

英軺日記卷七

五月二十五日巳初起程英后派副禮官英外部遣參贊官至車棧送行比國駐英公使暨張星使德彝率其參隨均來送旋乘專車至都華海口比國奥士登提督梯高而士暨比君所派向導官副將裴罘都司威大美守備維里亞携舟來迓英都華巡撫送於舟次余遂乘比輪渡海未刻至奥士登泊焉奥埠爲比國海岸沿邊平沙汗漫水淺利涉故商務不繁而風景清淑歐人每當盛夏納涼于此比君亦于海邊建行宮今適避暑至此派外部大臣華貨羅內務府大臣渥陀羅幔駐華公使姚士登登舟致意訂期相見余命繙繹官劉式訓傳語深道感謝登岸時排隊奏樂略如英埠接待之儀申刻

乘宮車至客店小住駐比代辦使事劉玉麟呈遞游比事宜節略此次銜
命歐洲姚使時尚在京即奉比君電諭邀余遊歷到此適館授餐住官閱廠皆由
外部酌定備極殷勤考歐洲昔年羣雄逼處分併離合變故極多比利時立
國自主實始于西歷一千八百三十年各國互立專約永爲局外之國不與
爭戰并不得自設舟師亦無武備口岸開國至今七十二年耀德不觀兵可
稱福地今比君爲開國第二世年六十有九學問淵粹著作裒然盛暑嚴寒
手不釋卷可謂好學也已
二十六日午刻率參議等各赴行宮謁見比君比外部及內府大臣等在宮
門相候比君佩帶

上賜黃帶珍珠寶星迓至穿堂握手爲禮偕余入宮坐談敬問

皇太后

皇上起居隨詢余長途跋涉頗耐風濤余隨宜應對少頃辭退比君送於門外余歸廨比君卽徒步至廨答拜余亦迎送如儀晚赴宮讌余與比君比肩坐同席者比外部內務府大臣姚公使及盧漢鐵路總辦沙多等比公主亦在座讌畢聚談比君亟稱繙繹劉式訓法文精深未易多覯餘亦逐一周旋始散按比利時亦君民共主之國故政事多出議院以全國戶口多寡準議員人數每四萬人例舉下議員一人上議員半之今戶口共六兆三萬二千有奇故上議員七十九人年在四十歲以上者合格每任八年四年一舉更其半

下議員一百五十八人年在二十五歲以上者合格每任四年二年一舉更其半各省會有另舉上議員法亦以戶口多寡爲斷計二十六員不在正額之內議員公舉議院總統一副總統二文案四冬集夏散每歲議事不得少於四十日之數議事時掣籤分班二以十五人爲率各班中復各舉數員合爲總班遇事先擬一稿存院由各分班先行擬議告於總班總班擬議復告於分班以可否人數多寡定議陳奏候批則維君命是聽

二十七日乘火車至布魯樹埠閱新開河及海口布埠昔爲通商口岸嗣因沙漲增地四十里悉成田廬海船不至商務減色近仿蘇彝士河法掘地爲渠節節爲活壩以束水壩岸有電機舟行且至一人按電則壩轉傍岸舟行

無阻督工大臣柯山出圖相示手指口畫深得窾要海口石隄環如新月因地勢平衍藉以蔽風時河工已畢隄工方過半法以鐵爲外櫝以塞門德土爲内櫝中實以塊方廣逾丈以啓重機懸置海中堆垛爲垣其質性堅重故洪濤巨浪不能動摇閲畢順道至工藝局一覽西人名此爲賽會凡金木陶匏器皿新舊各式羅列滿室以考驗今昔工藝之高下絨畫油畫皆數百年前舊物有仿古織紗女紅十數器如吾華辮絲之法蓋近時通行機織手藝幾至失傳此室藉以教工存古製也是日布埠總督鍾西爾請宴酉刻歸奥士登客寓

二十八日將赴比京比君訂舟中茗叙話别午間至海口比君迓於舟次此

爲比君遊船四桅雙筒艙中臥室書室客堂餐所布置精雅陪從臣工各有起坐之所比君贈余小影導余觀覽並至艙面望海告余曰髦年精力差遜案牘勞形每苦疲苶馳馬擊球乘風挹爽皆衛生要術也閒話片時握手而退遂登火車至比京比外部暨各大臣來迓旋卽答拜入宮小息殿闕崔巍頗極美麗晚閒赴外部大臣之約中西賓客二十餘比相德司的乃府尹奪莫寒暄數語餘雖通名不甚能辨識也外部極稱代辦使事劉玉麟精明强幹長於外交劉道係美生出身駐美駐英駐比在新加坡尤久實襄辦交涉資格極深之員也按比京行政分隸八部曰外部曰吏治學校部曰戶部曰兵部曰刑部曰工部曰農部曰鐵路電綫郵政部部有正副大臣各一人餘

則分司理事外部有掌出使文牘頒賞寶星之司有掌交涉禮節爭辨事理之司有掌各口領署文牘選派領事之司有掌本署經費印信之司有掌條約清檔之司有掌本署書庫之司吏學部有掌各省府縣事宜之司有稽全國戶口議員學堂人數歲出歲入款項之司有稽兵額餉項之司有掌專門大學堂之司有掌中學堂之司有掌小學堂之司有掌學堂體操油畫之司戶部有掌帑藏國債之司有掌收放款項之司有掌經費祿予撫卹之司有稽覈出入款數預計盈朒之司有掌國家放債之司有掌收驗質銀之司有掌稅銀稅契之司有掌關稅業稅之司有掌官家產業之司兵部有掌文牘之司有掌電報之司有掌徵調營兵之司有掌徵調常備後備各兵之司有

掌武備學堂之司有掌記錄全球行軍良法之司有掌記錄各國兵額之司有掌兵官遷調恤賞之司有掌行軍募兵之司有掌修理兵械之司有掌修械經費之司有掌行軍修治橋路電綫之司有掌行軍地圖之司有掌兵官薪俸之司有稽察各營經費之司有掌營兵衣履車馬之司有掌行軍醫藥之司有總察各司辦事之司刑部有監管印信花押之司有掌刑官升調之司有掌本署繙譯之司有掌京外刑署經費之司有掌京外刑曹薪俸之司有稽察監獄之司有掌案牘之司有掌囚數之司有增修律例之司有稽察全國婚嫁生齒增減之司有稽察赦典保護孤孩廢疾之司工部有掌全國礦務之司有掌監察工藝之司農部有掌本署經費之司有掌田產播種之

司有掌汽水樹藝之司有掌古蹟牌坊油畫之司有掌橋梁道路官產之司有稽察民間飲饌損益之司有察牛油察魚肉之司有監造民居之司有掌本署各司律例之司鐵路電綫郵政部有掌本署經費之司有掌本署恤賞之司有掌本署爭辨事理之司有掌鐵路文牘之司有掌鐵路歲出歲入之司有掌鐵路圖表稽察分局之司有掌撫恤老病工匠之司有掌本署遷轉記錄功過監造車場建設路鐙之司有修造機車器用繪圖之司有掌各局開車時刻給發器用之司有掌運貨搭客價值之司有稽察逐日收款之司有管發售郵票轉遞信函之司有掌修造電綫之司有掌收發電報之司各司分數階以所司之繁簡定額缺之多寡此比京設官分職之大畧也

二十九日晨往閱總會總會者議事之所凡地方政治四民事業當因當革當損當益皆於此集議廳事惟府尹專席餘座環而拱之府尹舉於民國君從而命之受祿於國例任滿則退得連舉亦得閱任重舉其譯義爲民長猶古之鄉大夫譯者以其勢分尊寵以巡撫府尹知府諸官名代之實不相類民間婚嫁男女必至會書押生死亦以報此固民事之樞機也府尹奪莫陪閱一周向導官請余至報館一覽排印敏捷一小時能出萬餘紙時已傍午遂回車比外部比相代比君請宮宴午後乘馬車至兵營房閱操營規整肅甲帳鮮明余遣劉式訓譯語慰勞諸將答謝彬彬有禮按比國兵制兵分七類曰步隊曰馬隊曰礮隊曰地雷隊曰轉運隊曰巡捕隊曰管電綫隊步隊

又分四類常兵十四隊獵兵三隊皮帽兵一隊快槍兵一隊馬兵又分三類獵兵二隊行導兵兩隊長矛兵四隊砲兵又分三類管砲九隊砲手一隊工作一隊地雷又分二類管雷一隊修橋一隊轉運巡捕電綫無分類各一隊挑選兵丁法有三曰籌選民年二十以上掣籤充練曰投效民年十六以上准自請效力曰倩替籌選不論門第有不願者出貲倩代當兵以十三年爲限限滿歸本業願留者聽營哨官以武備卒業學生考授間由精兵簡選全國兵官三十員總兵一副將一游擊四都司三守備九千總七把總五比爲局外之國兵不出境兵額尤尠然訓練甚勤人皆肄武亦有備無患之道也

六月初一日乘火車至安華士埠客店小住安埠爲比國人文薈萃之地人

民蕃息駐京姚使郎安埠人聞已先一日抵里飯後訪之見其夫人及兩弟贈余花球意殊慇慇渠乞假返比將以是月航海赴華䟫䟫原隰彼此有同揆焉旋至海口道經船塢穴地成湖修造商舶全國商船約百艘半爲帆船半爲輪船約載九萬餘噸往來五洲他國商輪亦多艤此是以商賈雲集帆檣蔽空環球瓌貨積於陵阜本國不產煤油皆販自美洲築石爲池儲蓄甚富且與民居貨棧櫛比不聞有流毒灾害之患蓋備禦周密無意外之虞也旋又至其砲臺臺外覆土遙望如隄其中羊腸蟠道迤邐相屬重轑複室羅列槍械臺有穹蓋形如覆釜所以蔽巨砲免爲敵擊蓋顚有孔徑僅逾尺拾級露頂可以眺遠砲位亦以電機挽運略如舟師之制薄暮歸寓華商張堯

良來見張浙江鄞縣人居此二十餘年娶比人爲妻權衣西服然猶辮髮頗見重於比人聞余至率其妻以花球獻自言在比貿易頗足自立近擬集華股立公司於此爲華人創其志良可嘉也晚赴總督高恩爾司約酬對如儀

初二日乘火車至利喔士埠客店小住是日爲西人禮拜期廠市停工休沐抵埠時男婦夾道觀者如堵牆諦視皆衣履整潔絕無襤褸推求其原蓋有二故一曰勤農英法諸國無限田之制豪富坐擁膏沃收其羡餘而庸民襏襫沾塗僅足以供租稅比則公田口井人自爲耕家有不涸之倉野有盈車之莖是以稅衣就功家給人足如此二曰勵學書數二藝實爲萬事之原舍此則工不可以程能商不能以致遠余考比國學堂共有六千九百五十六

所爲大學者二歲費二兆二億佛郎爲中學者一百五十歲費三億佛郎爲小學者六千七百四十七歲費一十九兆佛郎大學爲專門者九曰政治曰律例曰格物曰教術曰武備曰醫學曰化學曰礦學曰電學曰橋路工程學大學惟男子與焉中學男倍於女小學男女半中學有男女師範學堂各二小學有男師範學堂十九女師範學堂三十四師範卒業給領文憑始得充教習學堂隸於吏學部設專官歲時稽考童子有游惰不入學者有罰考課超羣則獎之至於鑠金鏤木分苞燒殖之技率備於普通學中由是師巧工良指與物化爲貨駢闐不脛而走其致富非無本矣人每稱比利時以工藝立國或因近時商務日盛又謂其以工商立國而余於其勸農勵學始知四

民各有本業不可偏廢尹文子曰老農長商習工舊仕莫不存爲則處上者何事諒哉是言也

初三日乘火車往斯冷埠閱鐵廠斯冷多礦產煤鐵皆備建廠開採已數十年隨時增拓綿亘十數里鎔鐵鍋鑪橫排多具高逾尋丈大可十圍旁有鐵橋綴以機鍊挽運煤鐵諸物實之於鑪鑪下有門瓦槽相接鐵成流質自槽入模及鍊鋼則入鐵於巨礱懸置低鑪受熱復化乃出礱以機轉側之鐵中雜質噴湧而出勢如飛瀑授之以範漸自凝結然愈烈愈柔必乘其未寒而錘之乃能制器是廠適有新建鍋鑪甫落成未嘗開用總辦吉林河出秸稈纏色絲燃火授余引之謂余曰鍋鑪十載一修不修不停工不息火鴻泥所

印口碑弗替矣又指鑪邊鋼板告余曰樵炭熱力上炎過猛不洩則熱氣旁行恐有炸烈之患此板鑿孔如蜂房以殺其勢新法保險慮至密矣廠有造鐵軌機兩軸高下銜接軸齒凹凸如軌形右豐左嗇以條鐵入軸遞嚙之至末齒而軌成此爲蘆漢鐵路所造以吾華產鐵之富江鄂閩粤建廠多年此等工作至粗至淺猶不能增機自製運用於數萬里外耗財費時利源外溢良可惜也又至礮廠一覽體段與英倫礮廠相似往時廠宇陿隘製造不敷本國之用轉購於德之克虜伯廠近時逐漸開拓國家所需盡歸承辦復以餘力爲英德諸國代造官收其用民獲其利此亦鼓勵工藝之明效也是日天氣炎熱竟日周歷殊覺疲苶歸時易車而舟兩岸綠樹陰濃清風拂拂中

流容與殊爲暢意

初四日利埠總督託羅西約早宴旋乘火車往爾士他盧埠閱槍廠廠屋沈沈迤邐連接機櫃櫛比鱗次百十成行所造槍枝有戰槍獵槍防身手槍各種昔時連珠毛瑟及哈乞開司皆稱利用今以其運動不靈復改新制槍末曲柄可納五子每一啓機則五子連出鳥槍雙管三管不等手槍小僅盈握彈制與戰槍畧同造槍鋼質皆由斯冷鐵廠練成運此造成之件復以機器試驗必不爽毫髮始得裝配鋼質剛柔各有定率設一機件有上下異宜者則塗其半以燎之此中功候取判幾微獨非人力不辦耳機簧繁密百種千名總辦佛蘭呢逐一指點頗不憚煩惜余不解方言曩又未習象數無從問

難以究其蘊詢知日用工匠千五百人男女各半以成物件數論值不以日計貲也余聞比國稅薄工廉奬勵工藝故工廠雲連進步甚速而各口關章稅則凡有關學問有益民用之物如書籍報紙儀器化學材料等類皆得免稅餘或值百抽十或十五或二十以獲利之難易定納稅之輕重惟菸酒無益於民進口百斤納稅三百佛郎多於物值幾至倍蓰關稅爲國家自有之權非特消息盈虛以制國用且物有損益利害之殊亦不得不爲之區別也

初五日余初定是日往巴黎因馬烈文煤礦巨商瓦爾鳩請余游廠乃展行期巳初乘火車赴礦廠此局凡十一井皆以機器挖煤井中煤氣氤氳遇火則燃爲害固烈窅窵無光亦難措手工人所持燈制穹罩小口復以極密鐵

絲爲絡使熱氣緩散煤氣不得相侵下鏤小孔使養氣潛入活火煤氣仍復隔絕器甚小而格致之理甚精亦非專門之學不爲功也此廠爲瓦爾鳩祖父私産積貲百兆有奇瓦幼習礦學年甫二十餘辰初必至廠督工躬親庶事暮則持籌握算寒暑無間忌西人志堅力勤致富保富皆原於此余順道至玻璃廠車廠一閱晚宿瓦家宮室崇麗園囿花木畢備蓋舊時爲比君行宮𤓰遭回祿以售於瓦頹垣敗壁猶存一二堂中羅列各種礦石甚富各有標識惜晷短難譯不能深究余考比國礦税甚薄每礦場十法方里歲税十佛郎此爲井税又收其餘利十之二五此爲貨税惟須歲撰出入詳表以備考察不徒知其盈絀之數兼以究其利病法有不善則及時更張余又考比

國所徵課稅約十二宗曰地稅值百徵七曰業稅計利十二徵一曰礦稅曰關稅曰印花稅一切文憑票據皆計數徵納別有專章曰房稅曰門窗稅曰器用稅曰僕稅曰馬稅曰自行車稅曰犬稅按其所徵大率取於富民者多取於貧民者寡又多方爲樂事勸工之法以期藏富於民故其民富而國用因以日饒余以其近五年出入預計表求其中數約得六百兆佛郎以近時磅價計之實得華銀一兆八千萬有奇其壤地不及中國十之一而國家歲入逾倍知理財之道固不容損下以益上也

英軺日記卷七終

北京市民委古籍办古籍整理项目

英轺日记

（下）

载振◎著

民族出版社

英軺日記卷八

六月初六日在比將行因念遊比旬日承比國君民優禮接待令繙繹劉式訓擬書致謝比君並屬劉玉麟持簡赴各部省大臣伸謝此行所至各埠排隊奏樂官長禮服迎送而所乘火車則由其鐵路大臣飭屬備辦因知其全國鐵路皆以官款造築計長四千五百五十一法里並無稅例歲有盈餘以作增造之費四通八達亭皋相望學堂列橋路於專門通貨賄利行旅視爲政要如此向導官斐罘等出入偕行行將分手意殊繾綣憶前日與余談音樂謂春間聞余將遊比比君飭樂部肄習中國國樂西例奏國樂則其國人免冠恭聽斐罘前因剛果訂約充專使到華未聞中國有國樂今連日所奏

華樂不知所自來因以見詢余告以此樂爲曾侯使英時所作曾經咨明總署非國家所審定也斐又謂此樂聲音嘽緩令人易倦國樂宜有蹈厲發揚之氣然後順氣成象民志奮興聲音之道人情之所不免臧骨髓浹肌膚情發於聲治亂斯應故國不可無樂作樂尤宜審正余不知音而此遊時聆西樂率皆大不踰宮細不過羽每至翕籥繁會之際未嘗不人與天調知斐言不余欺也午初啓行劉玉麟暨斐罘等送至交界而返申正抵巴黎法外部遣徵席葉迓於車棧徵曾署天津領事操華語頗精星使裕庚亦來見遂至客寓閒談知日本小松親王適同寓卽往拜適赴法總統約未得晤聞已定明晨往西班牙補賀親政計十一歸巴黎

初七日余以比君贈寶星電外務部代奏兼作家電問安旋往拜法外部及法相上下兩議院議紳按法蘭西古爲高盧漢晉時屬羅馬齊梁間日耳曼郎哥部酋長有哥易路者侵羅馬據高盧地遂以立國旋建都巴黎國號法蘭西玉步數改曰墨羅邠朝曰加魯令朝曰加北珍朝曰瓦羅斯朝曰不爾奔朝當加魯令之世國强盛有誼辟曰沙利曼繕甲兵修政事文德武功焜燿史乘嘗徵選議員千人春秋議政實爲環球議院鼻祖其大經大法亦多權輿於此不爾奔朝有君曰路易十四抑議員重門第而而君權熾至其子路易十五時豪强恣横民不聊生乃舉行民會尋又改爲國法議會洶洶殆不可遏至路易十六時逮議員下之獄而變生矣弒其君立籌國會檄鄰邦

之民相助行民政英俄諸國遂聯軍平法亂法幾不振拏破崙時爲礮卒拒聯軍號善戰遂以復國有帝位拏破崙敗法人立路易十八尋廢之舉拏破崙第三爲總統不數年復稱帝西歷一千八百七十年與普魯士搆衅大敗於師丹拏破崙第三俘於普法人割地償費以請和乘機定制爲民主國迄今三十二年未嘗有改此法蘭西立國之大略也

初八日率參隨等往見法總統至廨所有法兵侍立於門外法外部德加賚及內府大臣迓於門法總統魯佩立中庭握手爲禮偕余入內室坐談總統敬問

皇太后

皇上起居余命繙譯官劉式訓譯詞應對復偕余至燕寢見總統夫人寒暄數語出總統送至階下酉刻法外部代總統來答拜案法國自一千八百七十一年改立總統以後設官分職屢有沿革而現立之部計有一曰內部兼教務曰刑部曰外部曰戶部曰兵部曰海部曰文部兼藝科曰工部曰農部曰商部兼工藝電郵曰藩部均以大臣一人總之各部職事共分三等除大臣之內文案處外有司有股司與股同等惟事之繁簡有別司分數房股亦然房有房官長副各一此外在官人員有主稿隨員書庫正書庫副檔房長檔房副等名目至政府選派暨民舉各員之辦法計通國郡守八十九員縣令二百六十八員皆隸于內部又各縣有專署理審判事務署各三員是為初級

理官其上有提問衙門通國三十六署分轄八十六郡又其上爲巴黎總裁判院理事者四十九員則皆隸于刑部國家基督新舊兩教猶太教回教均認爲一律各鄉有官教士皆隸于教部其他如專使例使參隨領事則爲外交官隸于外部稅司關吏隸戸部二十鎭陸營隸兵部五鎭海軍隸海部十六路學校隸文部又如商務郵電等局鑛路橋道等差以及農利土田則有十餘處藩領各鎭則屬國數十處其所派之官要皆分歸各部由各部大臣令其升補請命于總統是爲政府所派之官若夫民舉之法始自鄉董由鄉董中舉鄉官合數鄉爲鎭鎭選一人貢諸縣董局是爲縣董復選一人貢諸郡董局是爲郡董又縣舉一人十萬人以上舉二人貢諸都城集于下議院

是爲下議員各郡下議員郡縣董及鄉董委派之員集於郡舉而貢諸元老院者爲上議員上下議員得公舉總統是爲民舉之員凡各部大臣舉措之權俱操于總統或事有爲議院所不許而共加斥摘者則各部大臣均請退另由總統選一人爲內部首相商請保舉人員以爲各部大臣其間或留或另派皆由新首相舉定而請命于總統至國家庶務若但奉行成法則不必詢及議員若改易例章或行新例則應交于議院議院卽舉專員數人查核新章是否可行擇日再行會議以決從違定奪後送交內部撰成例文由總統及大臣簽字登入官報即由內部傳諭郡縣以達各鄉其應用欵項及請定預算數目須先交下議院核准後乃呈上議院覆核經兩院許可始准施

行此法國議員與廷臣職任之大略也外郡郡守之外有郡董郡守當督率屬員推行朝政查照郡董之議爲本郡興利袪弊凡郡董與議本郡事其職有五定經費分賦額查公產議工程定稅釐此外如有條議亦可于公會宣讀議院議行之例若關係大局者各郡一律奉行至于縣官惟居郡守鄉官之間承遞號令而已縣董所有之事則惟將本縣應納之賦按鄉分派其外別無他職鄉官則職守較重所司有七一戶籍二判斷三號令四選舉五徵召六賦額七警務其外如公董議准之件亦均歸鄉官辦理鄉董之職大端有五一處置公產二添改局卡三籌定公費四攤派正賦五修治道路以上五項議定後呈請郡守入奏批准後乃由行政之官次第奉行此法國外郡

各官職掌之大略也

初九日午刻接奉外務部電一件本月初八日奉

旨直隸候補道梁誠著賞加三品卿銜派充出使美日祕國大臣欽此復奉家電一件詢任法京日期當卽敬謹擬覆訖案法國議院之制上議院人員共計三百名有爲戴巴爾德莽所舉者亦有爲本國屬地所舉者戴巴爾德莽譯卽中國各府之謂其所舉員數多寡初無定額迨一千八百七十五年定議員中七十五名歸議政大臣所舉爲常議員其餘二百二十五名歸各戴巴爾德莽及本國屬地所舉九年一任滿任另舉是爲散缺遇有常員缺出卽於其中遴選一人接充至一千八百八十四年復定新例嗣後遇有常員缺

出即改爲散缺令各戴巴爾德莽陸續選舉充補下議院人員共計五百七十六名四年一任滿任仍可再舉議舉時按剛東分派剛東譯即中國廳鎭之謂每剛東舉一員若人數逾十萬可於例舉之外另舉一員是爲法國議員定額載考其選舉之制上議員爲戴巴爾德莽及各屬地所舉者選舉時衆皆書名投匭以所舉人數多寡爲定用示公允各戴巴爾德莽俱設有專署職掌迺事者首爲下議員次爲府縣各參議鄉紳等至下議員則爲本高米訥花名册所錄之人所舉本高米訥者譯言鄉閭也當選舉下議員時總統須先期示諭秉公舉報倘人數衆多則諭知府分段舉辦至合例與否則統俟下議院開議之日查辦首查所舉情形是否有當次查公舉之人是否

照章舉報以杜弊端凡國民中欲應上議院之選者須年滿四十通達國政熟習律例者方得承充欲膺下議院之選者須年在二十五歲以上從未干犯律法者始准應舉定例綦嚴亦所以絕貪緣澄流品也

初十日是日爲西歷七月十四號係法國改民主之期例請各駐使閱兵外部先期折簡相招午後至演武廳操場寬闊馬步砲隊約萬餘人有總兵七人率親兵持大纛至階前立總統出功牌親手懸旗上遂鳴鼓整旅而行先步隊次馬隊次砲隊但觀步伐並不演戰陣事殆卽古人觀兵之意也酉正歸攷法議院議事章程西歷一千八百七十五年例載定法之權僅歸上下兩院無論何例非經兩議院議定不准施行總統與上下議員有商請定例

之權凡關財政各例應交下議院先議其餘則總統或下議員欲定何例可將例情交上議員核議若上議員欲定何例亦可一律照辦將例中情形交本院人核議凡一切商請上議院核議各例必先派數員查明例情而後由衆商辦至內治外交遇有辦理失宜之處上議院均可駁辯民間或投呈駁辯事宜上下兩院均可收呈代爲剖析例中有專歸下議員先議者即責成下議員辦理其爲上議院先議者下議院亦當復議至下議院議事與上議院無異議事以前亦當先派數員查明例情而後公同辯論若內外政治有辦理失宜之處下議員亦可駁辯以從數居多者爲定奪所定之例執政大臣如何施行下議院隨時查察民間有上呈駁辯者下議院即責問該管大

臣令其查辦凡上下兩院年中議事有一定期限正月內第二禮拜三爲開議之日議事日期歸總統截止于常期外設有應議事宜必取兩院人員從數多寡爲定議事亦可展期由總統定奪惟不得逾限一月年中可展二次不得再展凡總統與兩院往來用公文文到時責成一大臣在議院宣讀部院大臣均赴院可與議其兩院議定之例或總統不卽諭令施行則當頒發明文詳載不可遽行情由以便議院復行核議上下兩院亦卽遵照辦理至總統欲于期前解散下議院非由上議院允從則亦不能舉辦也

十一日戊初刻法外部請公讌同座賓主共百餘人酬酢盡懽亥正散考法國財政戶部大臣有管理正雜稅務及一切興利事宜之責而一切出欵如

各當差人員薪俸及國債利息學堂津貼費等項均歸戶部大臣發給各府中出入經費由戶部派有總管稅務一員權理各縣則派有管理收稅務一員收存縣中進欵於徵收正稅時各按縣中地段分辦派有收稅委員管理至歲入之數與歲出之數及照例議准各經費均當預定於本年以前凡預定截止日期仍可截至本年八月底爲止所有常年經費先由戶部大臣籌議各條發歸下議院會議如所定常欵遇有不敷或額外浮出用欵宜照例另議撥用其應出之欵或歸各部大臣行文支領或歸部員奉文支領均宜按照所議常年定欵辦理又支欵發欵二事不准一員兼理查法國戶部近年出入欵總數一千九百零一年入欵計三千五百五十四兆五十一萬四

千四百十八佛郎出欵計三千五百五十四兆零六萬五千九百六十二佛郎一千九百零二年預估入欵計三千六百兆零六十一萬九千七十八佛郎預估出欵計三千六百零二兆三十三萬三千二百四十四佛郎

十二日晚法總統請觀劇淸謳爲多聞所演俱係史乘中忠孝節烈之事惜不達語言無繇稔知其事也亥刻歸案法國稅課章程有正稅雜稅之別正稅有四目一田地房產稅一人丁器具稅一門窗稅此三者爲按名收納之稅又一爲行業應納之稅此外尚有別項稅目併入正稅內如開通河道修築街道以及學堂經費商務局費均由民間輸納惟按名收納之稅年內有一定欵數其應納欵數由法律人員議定卽將所定之數責成府縣鄉鎭按

名收納與行業之稅無一定欵數者不同雜稅者係憑貨物票據所定之稅如關稅等是也田地房產各稅均按進利核計徵收徵收之先宜將田地房產所有用項除淨下餘之利卽按年數核計以中數徵收官道所有田地房產凡爲官用者皆免捐納此外爲振興農務或爲鼓舞工作亦有豁免徵收之例田地房產各稅每年按照國欵議定徵收凡各府應行輸納欵數一一定明府中參議人員派定縣中應徵欵數若干縣中參議人員派定各鄉應徵欵數若干各鄉復將此數按照鄉民田地房產均勻分派按數徵收分定欵數人員七員內有鄉官或副理鄉官二員其餘五員於納稅鄉民內選充人丁器具二二稅法人與僑居法地之人無論男女凡有力完稅者均宜按名

完納應納稅欵即按所派之數完納無力完納者由鄉紳開具姓名可以豁免人丁稅即按名派定出力供役之稅供役日期以三日爲中數凡不欲出力供役者准其捐免應捐之欵按鄉核計年中歸府參議議定按日核計總以五十森丁爲少數以一佛郎五十爲多數人丁器具兩稅應徵款項若干雖按國款一同派定然徵收時分爲兩期舉辦人丁稅先行收納下餘多寡即按有器具之家派定完納器具稅即按有器具之家器具所值核計捐納定法之人查明鄉閭房價多寡進利若干即可按照進利核計應徵款項責成管理稅務人員分別派定門窗稅則凡沿街內院門窗俱應納稅其辦法有三一按人數多寡二按門窗多寡再按房屋良窳屋中人數衆多捐款固

夥第一層門窗亦比上層門窗完稅較多至倉廪牧圈地窨等處門窗槪不完稅工廠中除居室外亦不完稅教堂公所所有門窗一倂免稅行業稅有二一爲派定之稅係按工藝大小人數多寡派定一爲按照行店大小分別核定之稅槪以二十抽一派定之稅卽在鄉閭行廠徵收至按照行廠大小核定之稅卽按照鄉閭行廠大小核定徵收凡行業未經免稅者自正月爲始理宜按月完納正稅之大畧如此

十三日外部遣徵席葉來導觀武備學堂堂在威賽故宮後去巴黎二十餘里馬車行半時許至學堂監督迎於門偕入是堂本爲法國女學校當西歷一千八百九年拏破崙帝法時改爲肄武之所迄今九十餘年悉守成規分

十齋各有教習生徒額千人以年近弱冠者爲合格考取入堂肄習馬步二年卒業充武職爲把總非由堂出身不得官統帥有由此得名位立功業者懸其像於廳事使生徒朝夕坐對景慕之心油然而生旋至演武場生徒排隊步伐不愆演接戰狀一人偵敵持械獨往繼以小隊又繼以大隊西法接戰必不全軍猛進得勝不追窮寇慮觸地雷遇伏兵則三軍氣阻故自火器精而戰事尠即戰傷亡亦尠蓋慎之也騎兵據鞍望敵遇敵則趨進遇砲則還奔鏖戰方酣忽出二馬束草象人騎於上突而前羣躍馬持矛搏擊之草人卒無恙其教馬知避就如此設騎以衝敵亦有恃而不恐云酉刻歸案法國雜項稅目甚繁就其要者言之如酒稅鹽稅糖稅契約報官註册稅印花

稅是也酒稅有落地稅如出售之酒一經運送即應按照酒品納稅酒主遇有遷移藏酒之處酒家或欲轉運聯市之家均不納稅此外別有運送必須照章完稅落地稅則各按府分大小議定府中地面分爲四段凡遠距葡萄田之處納稅較多所分地段立有定律不容混淆此外又有入内關之稅係按地方人數核定稅款人數未及四千者入關之酒無稅其在四千以上者理應完稅與落地稅章程無異至零賣之酒復有零賣稅則應納若干即按酒價以百瓶核計徵收酒家亦應報明稅務司照例完稅發給收稅單方可出賣鹽稅列在食物稅内每百基羅喀啦麽納稅十佛郎此專爲法鹽及屬地之鹽所定其外入之鹽有出口稅稅則不一或按進口地方核定或按載

運商船所插本國或外國旗號核定糖稅其則甚重惟屬地之糖其稅較輕如自萊餘甯及法昂狄意二處進口之糖照例减稅其由歐洲內外所進之糖或經他國商輪運入者一體加稅蓋爲保護本國商輪及本國糖廠商務地也註册稅一爲正稅一爲雜稅正稅多寡不等各按契札議定契札相同者無分大小緊要稅價相同至註册雜稅係按契章所開款項核計每百抽銀若干如承襲契札大小合同或清債或科罰或判定清債事宜應納註册雜稅印花稅凡有文憑契據於利權有關者或應報明官府者繕册時必須用印花官紙紙類有二一分尺寸大小一分款項多寡皆有一定用法稅價隨紙分別紙價最高者每張三佛郎六十生丁次者二佛郎四十生丁告示

告白印紙各有尺寸其有按款項蓋用印花票者無論何項契票皆有定章如商家合同大小會單銀行匯票各按所開款數納稅自百至千佛郎稅五自丁生千至萬稅五十生丁公司股票分票每百稅五十生丁十年外加稅丁雜稅之大畧如此五十生

十四日往觀拏破崙廟廟仿羅馬教堂式極閎敞兩側爲武備博物院層樓相屬千門萬戸藏古昔五戎三革隆衝渠幨之屬畢備中分兩殿後殿爲拏破崙墓築石爲闕光文輝映繪拏破崙生平七大戰事以飾承塵以當時所獲各國旗幟懸四壁以所獲銅砲鑄銅人二立墓前石槨贈自俄君色黑肉好復聚其生前衣履器用藏於別室而以其將帥之有功者從葬前殿法人

之於拏破崙可謂不忘矣考拏破崙爲律師查爾司之次子一千七百九十六年當中國乾隆時生於法南部叩喀海島少有大志十歲時遊學巴黎斯武備學堂精曉兵法冠其儕侶一千七百八十五年改革兵起投國會黨任千總一千七百九十三年以平法南省海口瑪色勒之亂陞總兵其明年爲大將提督意大利軍務以讒罷官是時國會黨甚衆攝行政事百姓不服復設新國會舊國會舉巴拉士治兵抗之巴拉士素知拏破崙勇略舉以爲副拏破崙驟散新國會四萬人威名大著又明年赴意大利招集舊部一千七百九十六年遇奧將統五大將軍之師來征法國拏破崙督孤軍奮進十閱月大小數十捷於是奧及教皇並諸國皆納款行成於拏破崙而意大利北

半諸部小邦背夷爲法行省拿破崙不具聞於國會擅處分一切國會忌之而莫敢何一千七百九十八年國會恐拿破崙居巴黎斯奪其政柄遣人說以取埃及爲進窺印度計拿破崙大喜遂率水陸師赴埃及先奪取地中海瑪踏島旋攻破亞力山大京城進逼推羅戰於炎風沙漠之中敵殊死戰良久竟潰埃及平方拿破崙之取埃及也英知其謀遣乃森禦於地中海及至而法兵艦已駛行尾追至阿不其海灣始見其艤泊處一戰燼之拿破崙時在陸軍急趨敘利亞攻據札發海口欲北取亞克爾城以圖印度而英將斯美先入守城甚嚴志不得逞恐持久變生疾駕小舟脫歸法國時西歷一千七百九十九年也當是時奥俄英諸國謀討法而國會議論莫衷一是法民

皆思推戴拿破崙惟國會不悅未幾別黨有怨於國會宰官結以爲援是年
十月卽護以健卒直造國會逐其黨立定新政體仿羅馬古法立首領三人
總攬國權一爲主而二輔之下其議於國人問可不可時法擾亂十年人方
望拿破崙再造法國皆以爲可推拿破崙爲首領第一拿破崙旣專國權見
奥兵駐於意大利北境防堵一千八百年潛率將卒踰最高之阿勒伯山連
敗奥兵意大利全土復爲法有往還不出一月於是拿破崙首與奥國意大
利之那拿利葡萄牙俄羅斯西班牙修好再與敎皇和自是邊境安靖拿破
崙改革民主時政事修理破毁陵墓寺院學堂撥還敎士充公田產巴黎斯
復建大學堂博物院藏書庫各科專門學創褒賞式有發明術藝器械新理

者賜牌勸獎之命律師定法律立銀行便民交易復發國帑二百萬磅以賑不足罷爵位權勳者另爲差等務求益國益民使人不受權勢暴虐之害一千八百有四年法人見拿破崙治國遠勝國會中人共請即皇帝位於巴黎斯於是共和之政復變爲君主矣明年又立爲意大利王拿破崙既擅君權思踞歐洲各國之上以爲能平西班牙即可取其南美洲屬地能平荷蘭國即可取其南斐洲奧洲能平英國即可取其印度並北美洲一千八百有五年與英奧俄諸國戰皆捷勢甚張復平荷蘭西班牙等國立其兄弟親戚爲王以監制之一千八百十二年徵兵六十萬伐俄俄人佯敗誘之爲清野計法人無所得食大困及至莫斯科古都乃一空城時值嚴冬兵卒凍餒交侵

十不存一拿破崙令退師被俄躡擊無算歸國憤愧下令選兵而西班牙葡萄牙瑞典普奥諸國聞法軍覆羣思恢復故土起與英俄連結一千八百十四年五月圍攻巴黎斯執拿破崙流諸地中海海島會於維也納議定各國疆界俄普擅權英法奥三國私相盟閱時八月未決一千八百十五年三月七日拿破崙逃入巴黎斯甫及一月兵大振各國懾其餘威無不愕然急徵兵命英大將危令炭普大將普魯切奥大將西華濳山分隊向法法兵不支拏破崙詣英兵艦英乞降復錮之大西洋赫連海島監以兵一千八百二十一年卒於島年五十二歲余維拏破崙用兵如神然終以好戰敗與項王垓下之圍如出一轍可爲窮兵黷武者戒矣

十五日午正法總統請宮内大宴同座自總統及首相外皆宮内官宴畢與總統款譚頗爲浹洽申初刻歸厲查法國外部之制設大臣一人每年給俸六萬佛郎此外員額共六十二名額外行走者又逾數倍其考取之法必其人曾習法律公法及外交條約等學於學堂卒業後得有專門憑單始准赴考考取後在部當差初不給俸歷試後或補各司員缺或升使館領署參隨或外派或内用皆須計功計資以爲行賞之地如儀制局之總辦古婁謝位居各總辦之首而歷官則已至全權大臣又如繙譯官微席葉以東方言語科得憑後在部當差旋派駐北京使館繙譯歷升至頭等繙譯後又升天津各口領事到法後又升總領事實則仍當繙譯之職並未蒞領事任此爲藉

升使領參隨各等之第明證至所派出使人員皆卽部內當差之員而所補部司各員亦卽曾派使領各署之員旣不能取材他部亦不使辦外交者改服他部之官蓋西國最重專家謂必使其人一生精力盡萃於此而後服事有功且令人不能視官如傳舍則於事亦無遺慮之處是以無論何項政事皆有專精之人固不僅外交爲然也如有因年滿辭差或卸事在籍或在事病故人員猶必給與半俸以示優卹至出使員額計派駐使三十六員領事二百三十七員每使館參贊一員或二三員不等隨員多至二十員其繙譯則僅東方使領各館設有繙譯通事等員蓋如鄰近各國言語文字爲外交官者類能通習卽無須另設也

十六日外部遣徵席葉來約赴顯理第四行宮遊玩並請試電車車中與馬車同式惟前無轅後安電櫃引電展輪速率數倍若疾行一小時可行二百里操縱在人城市例不得騁遂乘車至郊外登山小憩此爲顯理第四別宮爲政餘游息之所叢木陰翳一望無際憑樓眺遠如收巴黎全境於尺幅之中陳几案閒林中游人如織或倚樹觀書或握手談藝時見婦女二三穿鍼引線有事女紅雖游觀不荒本業也申刻歸廨案法國兵制一千八百八十九年定律國中子弟無論貴賤貧富均當一律當兵當兵年限自二十歲至四十五歲爲止以二十五年爲滿在營効力時或三年或一年不等其餘年數則俟遇有軍務聽候調用鄉閭年滿二十歲之男丁每年責成總甲官按

名開單開列後按鄉分授張告張告之期以正月十五日爲最遲張告之後復示以挑選日期挑選處宜擇鄉鎮首邑當舉辦時大衆往觀無阻知縣爲督理總甲官佐之唱名後兵丁挨次拈鬮鬮置筒內有未到者其父母代拈如父母亦未到責成總甲官代爲辦理按照鬮中號數開列名氏遇有應免或減當兵年數者開列呈明拈鬮後俱按號數次第開單交鄉閭分別張貼除有殘廢不克到營當差外全國男丁俱應當兵其有可以免充者數條如無父母之長子應留養幼弱者免寡婦之子或其父出外須留養其母者免父年七十以上子當留養或長孫曾孫均免兄弟兩人長者免充或其兄業已當兵弟亦免或有兄弟當兵受傷或陣亡理當留養者免大書院師弟義

塾師長或學生能代敎讀者免敎會內有名分之人或敎書或傳道者免年幼留養或讀書未成經官驗看後准其免充又有年輕讀書自願團練一年即許免充營兵以上均由官給予憑據准其免充計現在法國兵額步兵共六百零四營每營約五百人騎兵八十五營每營約六百六十人砲兵四十營每營約一千一百七十六人又有守臺兵二十二營工程隊七營護糧馬隊二十隊每隊約一百三十二人執事兵共一萬五千八百九十九人統計兵數實得五十七萬五千名是爲平時兵額此外尚有預備兵守土兵約共一百九十二萬五千人守土預備兵一百八十五萬人合正兵共得四百三十五萬人是爲戰時兵額凡正兵効力三年期滿即爲預備兵預備兵差限

七年期滿後改爲守兵守兵差限六年期滿後改爲預備守兵預備守兵差限九年預備兵遇有調遣或奉飭回營或赴操卽當各回本營聽候年中大操兩次每次限四禮拜守兵則大操日期較預備兵每次減兩禮拜至預備守兵除有軍務守兵不足須調用外平時並不調遣又預備兵于正兵差滿後准其完婚但於分內營伍事宜仍當遵守生有兒女四人者免爲守兵

十七日未正微席葉來約觀游也魯鐵塔游法人擅工程有名於時此塔占地數畝支鐵爲四足下廣上銳高三百邁當合中尺八十四丈有梯倚柱僅容一人盤曲而上別有升車斜行挽以鐵索塔分三層下層面積尚寬間屋十數上層中層以次遞減易升車上有屋數椽守者具酒果延余小憩俯視

齊煙九點衢路如罫塔臨巴黎城河望若襟帶舟小於葦高處風甚厲似吾華九秋時節矣酉正歸庽案法國兵部驗看兵丁辦法一爲拈鬮時定奪兵丁聲明事宜一爲定奪兵丁應免應減効力事宜驗看時知府爲督理驗官共六員有本府參議人員一名參議府中事務人員一名參議縣中事務人員一名總兵或武職大員一名督理糧臺人員醫官各一名驗看時各鎭各按總甲官所開年滿二十歲之名單責成醫官按名驗看遇有身長不滿一邁當五十四或因身體孱弱不克操練軍械者展限一年聽候驗看有殘廢者卽行豁免驗看後卽爲定奪驗官中有偺法妄權者准民間申訴此外兵丁一經驗看卽將名次列單按鎭張告如有少年子弟於未到當兵之期欲

先行當兵者若體質强壯則十八歲亦可到營然自十八歲至二十歲必須父母允許方准投營如無父母者由其保傅商請亦可投營年數或三年或四五年均可得有寶星功牌者或記名什長者年滿准其復行投効或兩年或三五年以十五年爲限並有優奬復行投効之例如花紅津貼養老俸等類馬隊兵弁于年滿後亦可復行投効一年除加津貼外仍於預備兵差內免當三年營伍中陞階有二一由選拔一按資格惟遇有軍務則略變通以寬陞階遇有選拔事宜須會商辦理如營長暨馬隊隊長均由會議選用不論資格其由資格遷陞者應按章辦理武職中等級係由總統所賞欲行裁撤非自行告退曾邀總統允准或因干犯法律或由參議軍務人判定革職

別無裁撤之理差委則與等給不同國家隨時可派可撤無一定也

十八日往遊巴黎舊城之大樹林法語譯音謂之波哇廣可得二十里叢陰罨藹清流映帶小艇數十藏樹陰中微聞人語小橋有客獨坐垂釣絕似江南風景沿隄行數武入山洞瀑布跳珠濺衣彷彿清涼世界出至加非館列坐樹間几櫈皆文綠異方之樂啁哳並奏萬斛征塵爲之盡滌余因喟然思范文正之言先天下之憂而憂後天下之樂而樂彼惟能憂是以至樂存焉當樂而憂泮奐優游當憂而樂流連傾覆然則憂樂者固人心危微之界而國之盛衰消息繫焉殆不可以不慎也酉刻歸寓考法國海疆分五鎮首鎮要埠曰賽蒲次曰勃雷司脫三曰勞利秧四曰羅歇復爾五曰多倫師船分

隊在南者曰地中海隊在北曰北海隊地中海隊現共有頭號鐵艦六艘鐵甲巡船三艘帶魚雷鐵甲一艘二等鐵甲三艘三等巡船三艘滅魚雷船四艘出海魚雷船五艘三等雷船一艘北海隊現共有頭號鐵艦六艘鐵甲巡船二艘二等三等巡船各一艘滅魚雷船三艘出海魚雷船三艘此外各小隊分駐各地段者計共四百五十七艘按一千八百九十六年十二月二十四日律載凡陸軍所訂增添兵額章程海軍均可仿行毋庸另立專章拈鬮時號數在前者即派入水師効力在後者隨時挨次傳補兵輪水手船廠船主工人均係沿海之人充當凡行船營生者無論本國人及入法籍之某國人其遊行處所於海面埠頭以及河港應將名氏註明沿海戶口册內其居

住海潮地段如已淤廢成土田不能行船則名氏毋庸註冊至沿海戶口冊內復分三等一係未入海軍効力者一係現在海軍効力者一係差滿出營者如有不願入海軍効力查其現已不執行船網魚之業則准其除名至名列此冊應得利益除免當陸兵外仍可打魚營生有子者亦可送入學校由官給貧年老賞給養老俸

十九日早赴法總統宮及各大臣處辭行午正歸洋員金登幹自倫敦來見案法國製造兵船軍械官廠多在附近海口除賽蒲勃雷司脫等處外尚有官廠二處曰安特來造軍火曰額律艾勒造軍火槍砲護船鐵板及各種鐵器其餘各公司製造廠共有八處附近地中海有造鐵器及軍械廠二處一

在賽納海口一在哈夫海口又馬賽海口有軍械所一處三那載爾有製造廠一處名爲魯阿樂公會三德尼有機器廠一處保爾德婁有製造廠一處名爲造船公會柏瓦衣及額魯汪有製造廠二處名爲三那載爾公會以上八廠均係建造各種鐵甲船兵船魚雷船其公司名目曰奴爾忙在哈夫曰三德迪勒曰保爾奴勒莫在保爾德婁曰布來司德曰福衣內在囊德以上五公司專造魚艇及各等小船自外又有小船廠曰丹加樂克曰界浦曰額魯賽勒三處專造各等拖船曰米徐艾勒佛衣斯曰三希弄盟曰商迪陽曰艾莫郎希曰賚司希戴爾曰歐勒載爾曰三戴謙曰佛衣樂米尼八處專造護船鋼板及一切鐵具

二十日在寓戌正請裕星使並金登幹夜讌考法國近年商業進步以前五年比較實有日盛之勢余覓得法商務進步表命繙譯官譯錄查一千八百八十五年進口貨值計九千十八兆佛郎出口貨值計七千四十三兆佛郎一千八百九十九年進口貨值計一萬三百六十六兆佛郎出口貨值計九千六百八十五兆佛郎又查一千八百九十九年商船比較單法國共有商輪一千二百二十七艘載重五十萬七千一百二十噸帆船不在內一千九百年册開法國商船合帆輪兩項統計共有船一萬五千四百八十九艘載重九十五萬七千七百五十六噸其漲力不可謂不速矣至國家獎勸工商之法必先設立學堂培植人才爲工商業中領袖復揀派人員考察他國商

務工藝等事以資取法復設立學會領事官商務專員等爲之保護利權復舉行大小博覽會以資比賽如赴他國賽會則復出資以助之如有獨出心裁製造新具即與專利文憑復有賞給功牌之例至於運貨往他國試行貿易則官復爲之償進口關稅航海商船每歲由官復爲津貼蓋其鼓舞而振興之者具有精心妙用本年商部預算册擬撥前數項經費計藝學官學堂經費四十萬八千一百佛郎膏火五萬八千佛郎高藝學生津貼八十萬佛郎造就工商領袖學堂經費八十三萬四千九百八十九佛郎津貼地方開工藝學堂八萬三千佛郎津貼商務學社銀賞給功牌花紅書籍費往他國考察商務人員費共十四萬五千九百佛郎稽查工商費六萬五千佛郎賞

給工匠在本廠當工三十年功牌等費四萬一千佛郎工業會費二萬七千佛郎賞給工會功牌等費一萬佛郎賞給本地賽會功牌花紅暨津貼工商等博物院議事會等費以及幫貼游歷費共十一萬一千佛郎在非洲森路易各國博覽會內賽會費二十五萬佛郎在外埠商務局貼費七萬佛郎入海捕魚花紅銀四百七十六萬六千佛郎製造航海船隻花紅銀七百三十萬佛郎駕駛海船花紅銀一千三百七十三萬佛郎紡絲花紅銀四百萬佛郎稽查紡織人員費三萬八千佛郎

英軺日記卷八終

英軺日記卷九

六月二十一日早法總統遣外部官來贈送留瓊多乃寶星一座並參議參贊繙譯等寶星六座當卽電達外務部請代奏午初發行李至車棧擬赴沙灘屯海口適參議梁誠晤洋員金登幹稱英外部電詢中國專使當加冕之日如在歐洲尚願回英擬折簡邀請等語余因查日前張星使德彝函送英外部照會原文內稱本國君主體氣日充加冕典禮不久想可補行惟一概從簡原議儀節概不舉辦各國無須再簡專使前來卽由駐紮本國各使代行一切已飭本國駐紮各國公使前向各國政府道謝云云細譯原文語意是英君補行加冕並無專使禮節金登幹所接電文當係英外部私行探詢

之辭因一面電詢張德彝一面飭繙譯潘斯熾暫將行李發回案法國工商專利章程一千八百四十四年定例工藝中凡有創一新法惠及於民者國家自當鼓舞獎勸獎勸之法莫貴乎推廣製造之專權俾商家不得爭利用以償創法家之苦心惟專利之權亦應限定年數期滿民間卽可仿作俾衆人皆可分享其益國家頒發專利文憑例條有四一須實係創製二實係新法三有關工藝四有利於民無論何法何物一經創製續辦者卽不能與創法者比凡未有官准專利者所有招牌告白等件均應註明未奉官准字樣違者照例科罰自五十至一千方爲止復犯者加倍科罰凡民間欲得專利文憑者須遵例呈請於商部其例亦有四一二物不准合請一憑因按憑納

稅故也呈請時宜開清物名定明年限二撰作所創物說畧不准有添改塗註並不宜用外國文字三製物圖樣或雙或單聽憑物主定奪四開明呈單圖說各清單逐一簽押隨第一批收稅單並呈一切呈單圖說原稿郡中商部各有存案俾民間隨時詢問俟專利期滿即可仿造至專利年限或五年十年十五年不等由創家自行定奪自呈請文憑之日計算凡限定五年者納稅五百方十年千方十五年一千五百方此款按年分批交納實合每年百方第一批須於呈請文憑以前先交遇有交納未清者可撤專權退讓者宜悉數付清應納之款添立憑單者每張納稅二十方官准專利之後所創製造器具製成物件外人不准擅用出賣違者照假冒例科罰惟准創法家

退讓製賣照例報効退讓之法有盡讓者有分讓者退讓事宜應由代理書契之人經理所立契據宜於本郡文案處登簿存案否則不足爲據

二十二日在寓攷法國工商學會爲數綦多名目不一其由官設而與地方有實益者通國共三十八處計安郡有三岡旦安郡工會布什都弄有馬賽考查工商造册會馬賽機師會卡哇多士有康邑農桑會世倫特有薄都愛學會洛哇恩斐利阿有蘘特工藝會茫郡有郎士工藝會美恩有美恩工藝會諸阿有北法工藝會富耳密工商會北法工藝防險會弄郡有弄郡敎工會里昂織工會賽納有勸獎本國工藝會敎育會工藝學堂舊徒會工師會多藝會高等工藝學舊徒會保護工廠學徒會獎勵手飾銀器工業會列邦

商家互保會友藝會鐘表學堂會谷隆白樹林友藝會賤値取租會工業防
險會助郵花羽二業幼童會幼年會友羣博覽社會巴黎保工會糖業酒化
學師會計算造册專家會賚納恩斐利阿有本郡工商自由會愛爾勃甫工
會盧昂工會防險工會棋郡有阿米昂工藝會其查攷工商之法內則責成
各郡守外則責成各埠領事郡守司查本郡工業土物出產銷路一切細情
及常川作工之機座數目工人薪資作工時刻按月詳報領事司查各該部
商船來往貨物時價銀盤漲落及何貨利售何式合宜並查各處關稅新章
改稅新議及一切有關商務行船條約例章禁令隨時電知或用文呈寄外
部由外部移送商部此外又有巴黎農工商上議會各郡商務局通國共有

一百十五處工務局通國共有五十五處均有攷查之職一經商工部詢問所屬近情卽須用文詳報各郡詳報文牘會集於商部外商司第一房各領事處所寄公牘會集於外商司第二房行船册報集於第三房應譯者隨時譯錄應細查者再令詳查倘案關外國商情變動須令本國商人與知者則由第二房刋入商情近報俾衆周知

二十三日在寓聞近日法國因新易政府更定學堂規制不准男女教士充當教習並欲將教士遣歸鄉里有不願歸者則令轉徙他國人情頗不服勢甚洶洶然總統業已批准施行政府之意亦不爲動余因慨然思滄浪之歌清斯濯纓濁斯濯足萬事皆由自取傳教何獨不然權輿由太虛有天之名

由義理知覺有性之名由氣化有道之名合性與道有敎之名敎也者必養性修道善以事天此不獨我國孔子之敎爲然即凡普天之下如釋敎道敎回敎以及天主敎耶穌敎無不當循是以爲矩矱也修之則昌悖之則滅天視天聽一消一息然而是說也深言之在盡性以立命中人之所弗能也淺言之惟守身以安分顓愚之所共喻也考天主敎規有云凡敎內之人當謹持自愛有大寃事不得不禀官者必先鳴地保公同理論如果橫不依理方准具控更不准狀詞內以敎民自稱耶穌敎規云不可議論國政及官長牧師欲人如何待我必我如何待人凡各國敎堂處所於此規條咸斷斷宣諭可見天主耶穌敎會於守身安分之義不憚三致意焉迺今茲敎士之來吾

華傳教者或至憍蹇睢盱淩躐官長干預詞訟其於守身安分之義教會斷斷宣諭之規抑何相悖若斯也夫生人之好樂忿懥賤惡驕傲數者皆七情之偏徇而用之浸漬於不自覺則將纏縛於欲壑譬諸浮芥之舟沈溺汪洋靡所底止維皇上帝疾其拂人之恒性也乃輒降之罰此非因果報應之巵言實開闢以來五大洲中不可磨滅之公理也天主耶穌當其立教之初卽以守身安分爲宗旨何嘗不洞明此誼乃其支與流裔恃彼教之衆且强馴至偭棄規矩蔑其本分流弊所極誠恐遇事掣肘不獨吾華之地方官實受其累異日剝膚之禍傳教者將浸被之彼教中有識之士何未有能見及此者吾是以揭明守身安分之說大聲疾呼以爲教會告也至於傳教之與立

約原係判然兩事保護傳教所以載入約章者原爲愛護中外子民無所歧視然中國既盡保護之責則各國亦當允任調和之誼茲事重要亟宜於改約時與各國妥籌善法務持其平庶幾民教永久相安閭閻享太平之福已

二十四日在寓晚接張星使德彝函送英外部照會原文稱本國君主不願各國再簡專使前來之處前經照會在案現君主補行加冕之際若中國專使及其參隨等適在英國願觀典禮則當代留地位惟不以中國專使之禮接待仍以爵禮相待云云因思行人之職重在將命此次奉使赴英業經呈遞

國書我已告辭彼亦致謝情文兼至賀禮早已告成若以私覲之禮行於朝會

之間體制所關殊多窒礙因即發外務部電一件告知不復赴英情形並函覆張德彝囑其照復英外部告以彼時並非適在英國未克在座致意道謝云爰即與參議梁誠商定二十七日起程考法國農政之重始自前王益利第四其進步之速則以近三十年尤爲足尚蓋自第三次改民政以來剛裴大當國即於一千八百八十一年創立農政專部內司外使綱舉目張繼之者稍事損益規制聿臻大備農部奏銷之款及學堂常年經費考一千八百三十年時農政附於他部其費祗十萬佛郎迄今費至四十四兆九十萬八千佛郎其步驟可謂猛進矣推厥本原國家教導農家子弟培植農學高才生並有官設學堂學堂分兩類有專課者有兼課者兼課之堂有尋常小學

高等小學尋常師範院皆於正課外兼授農學中學堂亦有仿此辦法者現共九十四處高等小學堂七十六處女學堂二處皆添授農學一門其專課官學堂共分四等一曰教耕院師徒隨同耕作指授淺近新法所以教爲農夫也二曰農業三等學堂教授工作新法兼授農理所以造就上農夫也三曰中等農學堂理法並授智學尤重所以造就農師及管田園執事人也四曰高等農學堂所教盡屬農學精理學成者爲高等農師並可投充專門學堂教習農田稽查官及管樹林管收養等官通計國中現有教耕院十四處三等學堂三十七處中等學堂五處高等學堂五處農學專門教習二百十六人考求新理新法之學院六十三處至於國家提倡農政又有良法二端

一曰保護一曰奬勸保農之政內隷於農部第一司外則責成郡守鄉官各縣又有農務局專攷本縣農情以備顧問得有良法美意亦可條具上陳此外又有部中派出專員勸農立會講學查驗生蟲妨穀之草驅殺害苗之蟲敎知參用機力汽力化學糞料之利國家又爲立獸瘟局常年經費五十萬佛郎一千八百九十七年四月又令查禁僞酒僞乳汕等物他如打牲取魚非時有禁竭澤有罰用毒劑有刑此皆保農之善政也勸農之政亦隷於農部第一司勸奬之事有五一賽農場每年分段舉行計十二次二奬賞花紅三賽肥碩會場四禾稼果木大會五資助勸農各會頒贈書籍分給奬牌自一千八百九十二年定例後每年國家撥款發種麻花紅計二百五十萬佛

郎一千九百年發蠶桑花紅計五百九十萬九千佛郎紡絲花紅計四百五萬四千佛郎法政府又與官銀行妥定章程准收各農會票據抵借銀款銀行又墊付銀四十兆佛郎由官分存農務息借局並不取息俾各鄉農會就近取借以資周轉凡此皆勸農之善政也

二十五日在廨擬英君補行加冕並無專使禮節不復回英情形摺定稿後卽飭供事繕寫攷法國地稅之則每年準國家出款由議院核議原無定額郡縣中應完稅課由郡縣各紳董攤派鄉閭中應完稅課由鄉官及協理一人或鄉紳二人會同本鄉所舉五人公辦其稅項係按進款多寡核定進項中應先除一切耕種培植收穫各費餘利酌中爲定數按年就此數抽稅派

定房產稅課之法乃於進利中將原價若干分定年月扣除其應修補各費一律除清餘利作爲定數按年收稅官地公產統免納課外如振興農務鼓勵工藝所有應用房屋糧儲牧圈等處概無房捐房產之稅有二一按地土肥美完納一按房產起造完納十年校正一次由鄉董商請辦理鄉閭中田地房產應完稅課者繪有圖籍載明進利多寡此法創自一千八百有七年至六十二年始行告竣辦理繪圖事宜有二一先令測算家將本鄉所有田地丈量妥善分明界限繪成一圖並詳明某地主田地若干所種何物除清費用尚有餘利若干即行註册常年稅課憑此攤派二責成地方官先將田地所種何物分明列爲等第田地肥薄房產大小各圖其一以爲式復照等

第高下估定每一萬邁當進利若干先由鄉紳會合地主房主商妥卽由郡守批准作爲定數田地房產一經分別等第查明進利若干分明界限繪成圖樣註明地主房主姓名所有田地房產各若干種植土產何物派稅時卽可照册辦理此項圖籍府縣鄉閭各存一册至於畜牧無專稅官樹林亦無稅按年分段伐木由官租與給價最多之商人承辦租價隨時低昂公家漁利亦由官出租與樹林辦法無異價無定則若私業樹林果園牧場魚池則歸入土田一門並照出產多寡分別等第按年攤派稅課稅之多寡亦無定也

二十六日巳刻赴使館率同裕庚並參隨繙譯各員遙祝

萬壽禮成歸寓案法國每年入款地稅之外以鹽課爲大宗定例本國及阿爾日屬地進關進口食鹽每百基羅各拉麼納稅十佛郎由外國進口者稅則不一各按所運進口之處或船隻所挂旗號核定國家征收鹽稅則例共十四條詳錄如下一凡擬開辦鹽礦鹽井鹽池須由總統批准租讓方爲合例二凡開辦鹽礦者可照礦務條例辦理應如何辦法由地方官按照租讓情形定奪開辦前如何察驗亦責成該管官辦理三租讓一節宜推本地主爲先四所讓礦地不得越二十方基羅邁當鹽井鹽池概不得越一方基羅邁當所立合同宜載明地主利權按照一千八百十年定例第六及四十二等條辦理國家不取報効成本五凡擬開鹽礦鹽井鹽池之人首應按照一千八

百六年定例第五十一條辦理凡未禀官而遽開鍋煮鹽者鍋具入官另科罰一百佛郎每年應提鹽數至少以五十萬基羅各拉麽爲率不得再減所提之鹽以供民用照例完稅設有不能照數提出者須先由總統允准始可否則有罰一切開辦章程由官議定亦由官查驗俾所定之鹽實數完稅以免偷漏所有已開辦各鹽礦廠須遵辦六凡開辦鹽礦者與提鹽人等欲行停工須於一月前報明不得再遲停工後一月內設所提之鹽未經售出卽可令完稅課接辦之人須按照第五條定例辦理七凡開辦鹽務者若未按照例中第五條呈請允許卽由郡守禁止舉辦遇有應行科罰之處照下第十條辦理八凡提出之鹽末及第五條所立定數宜照定數完稅以示懲儆

九凡鹽質鹽水一切起運事宜除官准各處外不得外運其起運章程概由官長定奪十凡有犯例中第五六七九等條者或不遵守諭令除將鹽質鹽水及所提之鹽造鹽運鹽各具嚴拿入官外尚有罰款自五百至五千佛郎爲止遇有攙混或私造私運等弊查出加倍科稅復犯者加倍科罰十一以第五六七九各條定例各化學物料家設有提出之鹽亦當一律遵守造火硝之家所出食鹽由管理雜稅人員稽查十二所有鹽質鹽水等物運往工廠作爲耕種使用者或爲醃魚肉使用者一切起運章程免稅減稅各節統由官定十三凡有因朦混而免稅減稅者一經查出照第十條定例科罰遇有攙雜偷漏等弊加倍科稅醃魚肉各棧若私用食鹽所用多寡照以上條

例科罰凡准用外國鹽醃物之家若因作僞罰納倍稅凡製鹽醃物免納稅課各家亦須遵此定例十四凡有違例者當由海關或管理雜稅人員查出交改過所定斷科罰

二十七日巳刻由巴黎起程法外部暨洋員金登幹裕星使並參隨各員均赴車棧送行酉正抵沙灘屯海口住客寓戌正息殊疲苶矣案法國電政最重通國電局除鐵路所用及避暑過冬等處時開時閉之局不計外所有都城郵電兼辦局一百十四處電報專局五處以外大小局所約共九千處電局章程凡設立電線遞寄電信非由政府允准不可如有私用電機或他法由電線通信者例定監禁一月至一年並罰款一千佛郎至萬佛郎不等所

有器具一併拆毀如國有大事可將來往私電信暫時停止或於一道或數道或全行停止並可將各國來往電信或數道或全行暫停收發惟須通知各國電費在法國及附近屬地往來尋常電信每字五生丁至少須費五十生丁各報館尋常電信二十字以內出資五十生丁二十字以外每字二生丁半凡有緊要電信須越次先寄者費以倍如國民有請設私電線者應遞呈管理郵電衙門或請知府轉遞私電線分兩種有與官電線相接者有不與官電線相接者儻其線之長過五基羅邁當而與官局亦有利益則國家卽爲設立並爲經理其事若欲設之線不過五基羅邁當應准呈請者自行設立經管國家仍隨時派人稽查其費由電務衙門開單分令各局償還稽

查委員所需量電等機具亦由局給費

二十八日遣繙譯劉式訓持簡往拜法海口水師提督及縣官午後赴海口一游申初刻歸廣案法國礦務衙門隷於工部所定礦稅有二項一曰礦地一曰礦產地稅有定則凡占地一方基羅邁當每年納稅十佛郎礦產稅係按出產淨利多寡征抽應抽成數由議院量每年國用而定故無常額惟一千八十年聲明此項稅銀無論如何不得逾淨利百分之五著爲例以上稅項均歸經征田地房稅人員征收所入之款由國家另行存儲專備礦司經費及查探礦苗開採新礦整治舊礦之用非此不得擅行發動至礦局與地方交接各例國中無論何人不能擅自在他人地面探驗礦苗務必與該地

主商妥或由政府詢明礦務局果可試驗卽發准憑並令預償地主地價方可掘土驗礦如國家准令在人家地面及園林內或於圍牆外地段五十邁當內探驗礦苗必先與地主先行議妥並令請辦者預付掘地款銀始能發給探苗准憑至地主則儘可於圍牆內外探驗礦苗無庸稟知政府惟不能動工開採儻欲開採則須請領准憑所有地段儻已認讓他人卽不得再行探驗如礦局中購地開礦地主應得何等利益則應訂立讓礦合同詳行覈議並無定限云

二十九日申初刻率同參隨繙譯人等由海口乘小輪登英公司山博而輪船船面極寬廣重力一萬二千噸先是余在巴黎啓程時裕星使之公子勛

齡罄齡附車相送至海口比登舟始辭去申正啓椗開行攷法國鐵路公司
之制公司所有軌道廠屋所占地段應納地稅按尋常地稅最重者完納惟
稅額無常每年由議院估定總數交地方官分攤徵收各公司除納地稅外
別納轉運稅每年先將進項簿送官查驗然後抽收向章人貨並抽自一千
八百九十二年後貨物運脚除銀錢雅玩行李大件仍舊百分稅十二外餘
一律免稅座客稅亦分二等衝要鐵路搭客進款內每百分抽十二小鐵路
或一郡專用者或數郡合用者搭客進款內每百抽三其餘尋常鐵路凡車
能容六人以外五十以內者每年每客位徵稅十佛郎能容五十人以外百
五十以內者每年每客位征稅五佛郎能容百五十人以外者每年每客位

征稅二佛郎五十生丁查本年法國官商鐵路成數表官辦衝要鐵路已成者二千七百八十基羅邁當未成者二千九百四十七基羅邁當擬開者一百三十基羅邁當商辦衝要鐵路已成者三萬五千一百六十一基羅邁當未成者三萬七千七百十二基羅邁當擬開者八百八十基羅邁當各工廠等接運貨物鐵路已成者二百三十三基羅邁當未成者二百七十六基羅邁當商辦小鐵路已成者五千三百八十六基羅邁當未成者七千二百二十五基羅邁當商辦氣電等車鐵路已成者四千八百九十六基羅邁當未成者六千九百三十二基羅邁當

三十日舟行大西洋有微風離家四月定省久疏眷念庭闈明發不寐作思

親詩四首錄入英軺雜詠中

七月初一日舟行大西洋有風案法國境設立學塾以童蒙爲初階統計國中童蒙官學堂二千五百五十五處私學堂三千一百八十四處阿爾日屬學堂亦在其內凡國人兒女自二歲起即可送入該學堂六歲爲止又設初級官私學堂官學堂六萬七千六百七處私學堂一萬六千三百八處國人兒女自六歲至十三歲例應入該學堂學習所入學堂無論公私或在家延師教讀均聽其父母之便其在家延師教讀之學生自七歲起例應由官考試一次如學業未精須送入官私學堂肄業至十三歲後均准出學或就工業或務農均聽其便城鄉並有特設各種講學會於工人休息之日或晚間

即借學堂齋舍宣講各種淺近學問以及工藝等事查本年學校册列高等初級學堂男一百九十九處女七十處次等初級學堂男三百九十三處女一百五十三處次等中學堂男二百三十五處女八十五處高等學堂男一百十四處女三十處備課女學堂五十處其中學堂功課甚繁學生各就性之所近意之所好以爲講習俟有成效然後考入專門或大學堂肄業又別設男師範小學堂八十八處女師範小學堂八十五處所有高等學堂共分五門一教理學一智學一醫學一文學一律學至天主教理官學堂已於一千八百八十五年裁撤有耶穌教理官學堂二處智學官學堂十五處醫學官學堂三處醫學與製藥官學堂四處文學官學堂十五處律學官學堂十

三處別有預備醫學智學文學學堂共十五處又有設在屬國高等學堂律學三處智學一處文學一處廣招學生肄業云

初二日舟行大西洋攷法國專門學堂創自一千五百九十二年現有教習三十五人講授全球古今政事文學一切有用之理其生物院共有教習十六人分授格致化學並攷驗動植各物又有實用學堂專教各種高等學理如何施諸實用之法又有高等師範學堂所以造就大中學堂人材又有多藝學堂專教各種藝學精理學生功課期以二年畢業後大考一次作爲海陸砲隊武員或不願赴營則准充國家工程師掌國家礦務輿圖火硝藥等局工程又有武備學堂凡年在十七以上二十一以下得有初級文憑均可

考入該學堂肄業畢業後作馬步隊武員又有海軍學堂凡投考學習海軍武員者須在十八歲以下身體强壯目力精到方能收入學有成效作爲二等兵官再赴本國及各國海邊遊歷考試一次始補頭等兵官又有礦務學堂凡欲當國家礦務工程師監工等差者必由多藝學堂咨送肄業或有投考學生學成後准充商家礦務監工等職又有橋路學堂專取多藝學堂畢業生學習又有工藝學堂凡學生三年畢業後發給准充工程師憑據卽歸商廠聘用其外如東文學堂則學生於二年三年卒業後卽派往東方使領各署繙譯差使高藝學堂則教授雕刻繪畫畫圖等事考取優等者派往羅馬法國學堂畢業考古學堂則考察古時經籍書寫教法等事理藩學堂則

講求屬地事宜凡學生三年卒業後已得律學二等文憑者卽派往屬國當差商學學堂則講貫商務大綱造就商部商局人材如教種樹木學堂高等農學堂農學教耕學堂管理水道及樹林教養禽鳥各學堂又有音樂學堂描刻地圖學堂以及測繪海圖學造大工廠房屋管理機輪習學水手駕駛造就礦廠監工工頭約束頑童醫獸聾瞽童醫治結舌各等項無不設立學堂洵有因事制宜之妙蓋法國講求文學宣明教化於歐洲各國中特爲精詳故於學堂一事尤極措意儻有博雅之士薈其程課摘其處憲編爲法國學校志一書亦文苑中之鉅觀也

初三日舟行大西洋有風舟顚簸夜大霧殊有戒心案法國大學堂選用教

習章程律例官學堂諸席有選用攷取之別選用者統歸總統簡派先由律例科人員內選拔由文部大臣請派遇有缺出或由本學校教習公同酌舉或由管理學校人員單舉欲充該學校教習須年至三旬考有律例科文憑若中國進士之屬先在官學內教授三年或在官准學堂內教授三年方可承充其學校中掌院一缺三年一任由本學校教習與管理學校人員於實缺教習中選舉至考試分門凡四一曰民律刑律二曰官律三曰律史四曰理財第一門筆試羅馬律例面試民律商律海律刑律詞訟民間公例第二門筆試國政或萬國公法面試國律政治財政萬國公法第三門筆試官民律史面試羅馬公例法國官民律史羅馬國史第四門筆試理財政策面試

理財法財政立法工藝立法藩屬財政立法農務立法至醫學官學堂教習亦有選用考取之別考取者不得過選缺之半亦不得不滿三分之一選用者須年滿三旬考有醫學文憑作爲進士先在官學教授三年或在官准學堂教授三年乃爲合例其考試亦分四門一分割考究全體生物等學二格致化學藥品毒藥等學三醫學四外科考究生產等學考試時亦有筆試面試之別其格致化學生物各家筆試分割分驗及考究全體等學均扃門面試醫家試以醫病病人由考官傳至考場備齊藥物令醫家治之外科考究生產家與考試醫家相同分割家試以分割畫法考究全體家試以考究法格致家試以格致學及試驗法化學家試以化學及試驗法試生物家亦同

藥品家試以作藥法及備藥料法其外藝學堂文學堂高等藥品學堂各教習亦有由總統選用者亦有考取者俱以秉公覈實爲主無聲氣之可通也

初四日舟行大西洋早起仍有霧午刻晴案法國中學堂教法有二一舊法用辣丁希臘文一新法無辣丁希臘文凡欲充中學校古文教習先應考有文憑如中國秀才之屬欲充文藝教習須考有性學文憑欲充實學或智學教習須考有實學文憑欲充時務教習亦須考有文憑始得承充至欲充性學數學格致史記各教習須考有文學或實學文憑如中國舉人之屬方爲合例凡中學校所屬初級學堂教習亦須得有高等小學校文憑或堪充訓蒙教習文憑者始得充其中學校高等教習歸文部大臣簡派文法教習亦

歸該大臣簡派公立中學校男教習分三等首爲高等教習例應考有中學校教習文憑或考有文學實學文憑者始得充次爲中等教習應考有巴葛老來亞文憑識辣丁希臘文或得有堪充中學校教習文憑者始得充此外又有試用副教習或派或調或撤則槪歸管學大臣辦理中學校又設有女掌院亦先考有教習文憑或考有文學實學文憑或得有堪教外國語言文憑或得有中學校卒業及得有高等小學校卒業文憑者始得充其欲充中學校語言教習者須考有語言文憑欲充繪圖教習者須考有應得文憑或在羅馬得有花紅或由雜藝等校得有文憑者始得充其外如體操教習歌唱針黹教習例俱考有文憑蓋里塾黨庠統於官故通國無自行束修者至

其必以考取之文憑分教習之差等銖兩悉稱立法爲尤良也

初五日舟行大西洋晴熱考法國所設初級學堂男女教習等級不一始至者爲試用試用期滿補缺由管理學校人員請派歸知府辦理報於文部試用之期以二年爲率其補用章程則另由府參議核議惟小學校掌院一缺須年滿二十一歲方可承充又定例小學校正教必須得有試用文憑在官學校試用者由稽查學校人員發給在私學校試用者由本學校掌院發給然其中亦有通融之法儻有曾在師範小學堂或中學堂於十八歲時已克充訓蒙教習者亦可作爲正教小學校欲該堂學生留宿須商諸稽查人員回明鄉官將學堂基址開明呈閱奏准方可辦理凡欲充高等小學校掌院

須年滿二十五歲得有師範小學堂教習文憑或高等小學堂教習文憑者始得充該學校教習亦應年滿二十一歲得有高等小學校文憑方爲合例至各等初級學堂均准平民創設或數人合辦或獨自建立惟總辦教習等員倘非本國人或未滿例定年歲或才能不及格者均不准充任此職其有因罪曾受科罰者卽不准承辦學堂及在堂當差所以甄別流品條例綦嚴鄉間男學堂應聘男教習女學堂應聘女教習蒙學男女學堂亦歸女教習教授若本處已有一女官學堂或女私學堂欲再立一男女兼收之私學堂則非由管理學校議事處允准不可儻本地有各等官小學堂卽不准私學堂再收六歲以下學生以免教法淩雜至各等小私學堂課程館規均由總

監查官管學官稽查學校官以及學校議事人員鄉官鎮董等查察略如中國稽察官學之例查課之日統飭將本堂學生書籍課本呈驗其有犯規等事卽禀請查辦余因法國學校章程頗稱周備特詳著之如此

英軺日記卷九終

英軺日記卷十

七月初六日巳正舟抵紐約海口駐紮美國出使大臣伍廷芳率參隨各員登舟來接午刻登岸乘馬車至華得夫客店伍廷芳先已赴彼祗候跪請

聖安禮成美國外部副大臣蒲士及紐約府尹參贊聯樂士等來見詢知美總統現在艾士打灣避暑行宮爰與伍廷芳商定知照美外部於初八日午刻往見伍廷芳旋恭賫到電

旨一道當卽敬謹譯出按美國爲合衆部一名花旂國又名米利堅在北亞墨利加之中緯線自赤道北二十五度起至四十九度止經線自中國北京偏東百有九度起至偏西七十三度止東界大西洋西至太平洋南連墨西哥海

灣北接英國屬地共計行省四十有五屬部五爲地三百六十萬英方里戶口約七千九百餘萬此外新隸版圖者曰夏威仁島俗呼檀香山曰波吐立哥島曰飛立賓羣島俗呼小呂宋國民精於工作鏤會辟灌明密調均善造火輪車船凡陸路通衢之地多用鐵汁冶成四通八達以利火輪車之行紡織製造器具均用水火之氣激機運動不資人力商賈舟車輻輳往來舉國多奉耶穌教好講學業博習經典通貫各國言語近復增益智識研究天文地理術數學館繁夥書籍富庶言語文字與英國同其地貿遷有無無往不利以故歐羅巴人流寓於此者英人爲多華人居美者亦不下數十萬人統計紐約海口華民亦有八九千云

初七日未刻偕伍星使往觀紐約救火善會諸會徒演習自層樓超躍而下御車攜帶水龍出門爲時不逾數杪鐘迅疾已極馬亦嫺熟調良聞口號則奔赴撿屚維易蹈藉若風教法之畫一整飭如此旋往弔美故總統克蘭德墓墓制閎麗靡迤與拿破崙墓相彷彿墓道前有李文忠題墓碣一蓋李與克總統交情最摯也晚赴領事館夜讌案美自華盛頓創國以後定制每部立正統領一人副統領一人或數人會議管理政事各部之中又推一總統領督管合部政事均以四年爲滿任亦有一年二年一易者賢則留之復任至八年不准再留如首領任滿則推副者爲正或副者不協人望則別行推擇鄉邑之長各以所推書姓名投於匭中畢則啓匭視所推數多者立之或

官吏或庶民不拘資格退位總統與齊民無異其推擇總統之法與推擇各部統領同凡公選公舉權不由上而由下凡會盟戰伐之事則推總統爲主各部皆聽命事必會議而後定如例所禁總統亦不得犯也其國政分爲兩黨一則盡心保護國政其宗旨時與各邦違異名曰護國政黨一則懼國權過重常以阻抑總統及總議院之權爲心名曰護邦政黨所舉總統亦即視黨會爲轉移余因稽美國史書考歷代總統名居並詳其黨與臚列如下曰華盛頓卓耳基斐眞伊亞邦人始立政法曰阿但斯約翰瑪撒初色邦人護國政黨曰遮非森多馬斐眞伊亞邦人護國政黨曰瑪第森雅各斐眞伊亞邦人護國政黨曰們柔雅各斐眞伊亞邦人護國政黨曰阿但斯盃納西瑪

撒初色邦人護國政黨曰乍克森安得烈特尼西邦人護國政黨曰凡布仁瑪耳德紐約邦人護國政黨曰哈利森偉聯歐亥歐邦人護邦政黨曰太勒耳約翰斐眞伊亞邦人護邦政黨曰裒勒雅各特尼西邦人護國政黨曰頹勒耳撒綽利魯伊西阿那邦人護邦政黨曰斐勒謀耳米勒耳底紐約邦人護邦政黨曰皮耳西范克森紐罕西耳邦人護國政黨曰布諶安雅各偏斯偉那邦人護國政黨曰林堪亞伯拉罕伊利挪邦人護邦政黨曰乍納森安得列特尼西邦人護邦政黨曰嘎納特猗利斯伊利挪邦人護邦政黨曰哈伊斯歐亥歐邦人護邦政黨曰加勒得歐亥歐邦人護邦政黨曰阿特耳紐約邦人護邦政黨曰盔利蘭紐約邦人護國政黨曰哈利森便雅憫印第阿

那邦人護邦政黨曰麥鏗利歐亥歐邦人護邦政黨

初八日辰正偕伍星使廷芳並率同參議梁誠參贊汪大燮黃開甲謁見美總統於艾士打灣行宮美外部導入美總統候於宮門內余入門行三鞠躬禮敬宣

皇太后

皇上德意傳

旨慰問總統答禮深頌

皇仁並以余遠道跋涉深致拳拳禮成總統請大宴申正始散席辭歸晚外部大臣就余寓中請讌同席爲紐約總統紐約府尹賓主酬酢款洽逾恒席散請

觀劇子正始歸寓

初九日未初刻卽在客寓請美外部大臣並紐約總督府尹午讌卽請伍星使作陪申刻拜紐約府尹並往觀郵信館書筒雜襲纍疊奚止億萬西人消息靈迅響應桴鼓洵有以也出游鐵橋長數里許軌道數重有行電車之軌有行火車之軌有行馬車之軌無慮薄索相輔逾時跨海面而過輪船高帆歷歷在目過橋二里餘經唐人街爲吾華民萃居之所戶皆懸龍旗結綵綢鉦鼓駢闐鞭炮轟闐居氓讙呼雷動各商董咸在道旁衣冠迎送殊足感也酉初伍星使在客寓請晚餐戌初刻卽發行李登火車赴溫哥華海口美外部大臣暨伍星使紐約各商董均相送於車棧戌正開行案美公司火車行

最迅疾其至速者者每一點鐘可行華里二百餘里每一晝夜可行五千餘里此車較遲每一點鐘約行一百七八十里每一晝夜亦可行四千數百餘里云

初十日天氣寒甚車行四千四百餘里余素慕華盛頓竪國功業今來美邦始得詳稽事實案華盛頓家世業農年十六充度地官會法人侵英領地土人亦乘機紛擾英人舉華盛頓爲隊將每戰必克授提督三年以次平法及土人之亂辭職開墾荒地是時北美地俱英法管轄英稅法頗嚴美人請立議院如英制不允美人起與英抗十三省紳董會議禦英策推華盛頓提督軍務誓自立華盛頓謂用兵損傷多請英王退師不許衆乃推華盛頓爲總

統進擊英兵血戰三年英諸大臣謂不如許美自立便遂與法會美人盟於巴黎斯華盛頓見國本已立獨身歸農時美新造國計無出各邦代議士定國憲請華盛頓核奪逾年推爲民主定四年一任華盛頓承喪亂之餘極力區畫在職四年頓成富庶之國任滿將歸適值英法失和法求助於美美人欲藉法洩之華盛頓執不可美人以爲示弱議院恐不能禁堅留華盛頓主持如初議釁端終弭再任滿解職野服蕭閒與樵漁伍嘗言帝王世及不問賢否是私天下也大爲民害宜革之國人追慕其德名其國都曰華盛頓至今列在七大國之一云美人之議自立也實苦英虐政當建國之初華盛頓告各國曰非我美之敢行叛英英實不恤我美嗚呼强國務奪人土地而馭

之不以其道結民怨開兵禍有勢必至者雖然美之受制於英久矣非華盛頓堅忍力戰必不能成開創之功非合十三省爲一民主則無數小國必不能免强鄰之蠶食非從戰勝之後勵精圖治而又時時以用兵爲戒則國之安危亦有不可知者觀美邦百餘年來民主相承日臻富庶豈偶然哉

十一日車行四千一百餘里案美國史乘掌故以南北美之戰最爲膾炙人口緣美國向分南北兩部南部驅役黑奴北部欲廢之南北爭論不息咸豐十年南部加羅里那先叛明年諸州應之議立遮費泰威爲大統領出兵毁北部城寨奪其船是歲北部亞伯拉罕林根爲大統領其大將馬惹亞的孫以七百人守沙列士敦之參的砦南軍七千人攻之開砦而降南軍建牙營

於里治門北軍與戰於薄爾崙大敗同治元年北軍將格蘭多攻鐸尼爾孫虜一萬八千人南軍棄威實城走北軍製一鐵甲船形如筏甲板上設小塔中裝巨礮載兵六千與南軍戰南軍大敗鐵甲之利遂稱於海內自是攻戰經年兩軍死傷各數萬人三年格蘭多爲大都督作二軍一軍沙爾滿將之一軍格蘭多自將之與南大將黎會戰累日破之進抵里治門攻彼得堡南軍別將攻華盛頓蘭多分兵躡之沙爾滿踰險抵亞的蘭達時北軍深入敵中賴一鐵路輓運沙爾滿與格蘭多合發亞的蘭達棄鐵路深入敵地格蘭多與黎戰數十合大破之北軍四集偪黎黎窮蹙以全軍降內亂始平夫用兵之道貴乎將得其人觀美洲南北兩軍連年攻戰固亦互有勝負惟南軍

將校長於兵畧不免有輕敵之意而北將格蘭多英武善戰又得沙爾滿佐之同心協力卒能降服南軍厥功偉矣爰特著之

十二日車行四千八百餘里案美國學官厥有三類曰地方官曰議事官曰執法官任官亦有三類曰勅任官如各部局正次卿海陸軍提督使臣領事由總統特簡曰奏任官如各部股長海陸軍副參以下官四等使臣領事參贊由大員保奏奉總統揀派曰判任官如各部局書記屬官海陸軍小校佐領署書記等由其長選派或由計吏局考取其行政分八部曰國務部即外部曰庫務部曰兵部即陸軍部曰海軍部曰律部曰郵政部曰內政部曰農務部近年以來議設商務部其規制尚未備此外又設六局以理庶務曰總

理本國各省通商局曰勞工局曰胥吏局曰國家刋印局曰漁務局曰地輿局國務部正卿一人次卿一人二等次卿一人三等次卿一人參謀律師副律師各一人總辦一人外交股長一人領事股長一人清檔股長一人會計股長一人圖書股長一人通商股長一人委任股長一人繙譯無定額又有國務正卿秘書官一人郵政分局長兼文報委員共三人正卿承總統命司簡派外交官領事官之事及其往來文牘凡與外國公使領事交際各國訂立約章又與各省總督往來文牘掌本國聯邦大璽外國約本本國憲法律例定本掌給發游歷護照及外國領事認狀及刋布議院增訂律例各議員之條議聯邦之憲法及使臣領事之年報月報特別報有關商務者次卿皆

掌佐正卿經理本部各事司內外公使領事往來文牘及一切公文照會屬稿之事正卿有事則次卿攝理參謀律師副律師備正次卿之顧問及參議公文約章屬稿之事總辦稽察進退本部書記以下官綜理本部一切雜務外交股長收掌本國外國外交官文牘領事股長收掌本國外國領事官文牘清檔股長司清釐一切案牘而收藏之會計股長司本部收支數目存儲一切賠償等費及其證劵圖書股長收藏一切圖籍各國國書約本本國憲法律例公文等件通商股長刋布領事官年月特別報及凡有外國商務之事委任股長記錄勅奏判任各官出缺補缺遷調之事備辦各項委任文憑外國領事認狀游歷執照索交逃犯執照監用聯邦大璽此外各使臣參贊

隨員統謂之外交官總領事以至副領事統謂之領事官海軍部兵部所派人員附駐使館者謂之海軍隨員陸軍隨員經費由各本部自行給發皆一律由總統簡定交議員議准派充陸交官恒於律法政治出身人員中揀選領事官恒於商務出身人員中揀選又有議紳爲出保結是以位置得宜不至失職以下使領各署書記生學生及領署掛銜副領事可由使臣領事舉充出使經費由本部於年底豫算來年需款若干咨請議院議撥內分别外交官領事官兩項領事官亦有遵照部定章程收取照費以資辦公者亦有全資照費辦公不領經費者國家近年又新設外交公法學堂培養外交人材至各處商務學堂亦兼育領事人材聞將仿照歐洲各國辦法凡外交官

領事官皆專其任蓋其意視外交之學爲國家命脈所關故鄭重有如此者
十三日車行四千四百餘里道中見野人甚多服黃衣居氈廬狀極蒙茸華
工亦復不少皆粵人也午後過灘河沿途杉木甚多風景特佳案美國庫務
部正卿一人次卿三人總辦一人建造繪圖官一人國庫支應官一人庫務
部稽核官一人兵部稽核官一人海軍部稽核官一人內政部稽核官一人
國務等部稽核官一人郵政部稽核官一人管理國庫官一人管紐約城分
國庫官一人管詩卡各分國庫官一人管紐阿連分國庫官一人管波梯麼
分國庫官一人管辛辛那地分國庫官一人管三藩息司戈分國庫官一人
庫註册官一人監督銀行官一人監督鑄幣局官一人管卡遜城鑄幣局兼

提煉廠官一人管紐阿連鑄幣局官一人管費城鑄幣局官一人管三藩息司戈鑄幣局管官一人管典佛鑄幣局兼提煉廠官一人綜理印稅官一人總理航海官一人總理沿海輿地測量官一人總理通國律度量衡官一人查驗汽船官一人綜理江海醫院官一人稽查外國流民官一人督理救生局官一人造册處官一人刋印處官一人燈塔料理官無定額委任股長一人度支股長一人公財股長稅務股長一人巡稅船股長一人文書股長一人公債國幣股長一人收發股長一人雜務股長一人律司一人正卿掌通國之財政凡裕餉富民之事監督征收稅餉支用報銷國庫出入造具豫算出入表咨交議院核議兼司工程鑄幣督理沿海地輿測量救生船局燈塔

巡船及查驗汽船海面醫院之事事繁責重爲各部最次卿三人其一佐正卿掌稅務沿海之事其一佐正卿掌鑄幣銀紙國債度支及本部所轄各官升降補缺等事其一佐正卿掌殖民測地册籍及往還文件一切事總辦承正次卿命稽察本部各股書記以下官兼司郵寄信件本部車馬夫役以及保護國庫一切事宜正卿文書房之案牘建造繪圖官司一切公家建造之事及稽查估修公家廨宇國庫支應官司決斷一切收支可否之事庫務部稽核官暨兵部内政海軍國務郵政等部稽核官司稽察本部各股收支之事管理國庫官司華盛頓京城總庫及紐約等城分國庫及各處國家銀行一切出納之事掌管各項經費存款股票債票及支給國家公債利息等事

總國庫外又有分國庫八處各設官一人經理其事國庫註册官司查驗紙幣公債票股票一切國家證劵及簽名蓋印之事監督銀行官承正卿命查國家各銀行之事監督鑄局官承正卿命督理各局鑄幣及各廠提煉金銀之事按季册報各局辦法成色數目及各國價值成色綜理印稅官監督征收印稅實行印稅條例管轄經理印稅官吏製造印花頒發訓條等事總理航海官司一切船隻註册及交納船鈔之事每年册報於正卿總理沿海輿地測量官測量太平洋大西洋各海道及海口河道潮汐沙綫等事造册刊布總理通國律度量衡官查驗汽船官司頒行一切查驗汽船章程每年正月開令於華盛頓京城集議驗船事官綜理江海醫院官督理江海各醫院

醫藥查驗水手引港人等氣體及頒行一切檢疫防疫章程稽查外國流民官司頒行一切限制外國人民入境及限禁華人入境條例督理救生局官司頒行一切救生局辦事章程賞邮條例及稽查及事員役之勤惰江海失事之情形人命損失之數册報正卿造册處官司查取出入貨值如各國商務存棧貨消流貨各貨艮楛貴賤稅餉增減各國商船出入口噸數本國商船噸數本國各埠商務情形貨產細數一切事宜按月按季按年詳造册表呈於正卿刋布各處刋印處官司刋印國家所用契劵文憑證據圖籍國庫國家銀行所出紙幣股票債票凡一切公用之件燈塔料理官司稽查沿海燈塔浮樁燈船霧標等件及應增應移之事此外又有稅務司一百二十三

人由正卿奏派分駐各關又稅務稽察四十六人巡海官六人皆歸庫務部所屬

十四日早車行一千餘里未初車停緣司車長接德律風知前途山洞中有墜石當軌道礙車行故須少待爰下車一遊野花纖縟老樹亭若別繞風景少頃聞有聲隆然蓋前途用火藥以炸裂墜石也未正開車申正抵温哥華埠住客寓埠甚繁庶蓋亦貿遷有無之要地客寓雖不如紐約之華美亦極宏敞侍者以日本人爲多戌初晚飯後殊覺疲苶即息案美國兵部即陸軍部正卿一人次卿一人總辦一人總理軍務陸軍一等提督一人秘書官一人中軍官二人軍政司副總辦一人砲隊總管一人礮隊副總管一人總書

記一人其外分曹而理事者曰軍政股曰考功股曰轉運股曰軍需股曰軍醫股曰支應股曰工程股曰軍械股曰軍法股曰功恤股正卿承總統命督理一切陸軍事宜掌估計稽察本部及各行營坐營支項購辦糧草衣械養兵運兵各費及議院准定一切支項管理委士盤國家武備學校及陸軍教育事兼管防守局戰務記功局事務又掌通國邊防海防儲辦槍砲修濬河海之事凡議院議設水道橋梁等工亦須查核准駁凡防營添設改設及本部所管公地均聽調度次卿佐正卿司河道海口及安設橋梁租出公地等事稽察武備各事及紀功郵典等股辦理募勇散勇糧草及軍營法司獄四諸事又管各省義團各項款目測量地理招辦軍需贈給寶星功牌修理昭

忠墳塋等事查考古巴飛獵賓各島情形及料簡各該島尋常事宜總辦承
正次卿命司理文案收發轉遞各營文函刊刷告白文件報册採辦紙張筆
墨以及凡本部一切雜事及正次卿日行尋常事宜軍政股司宣布總統兵
部正卿軍務處之命令及其往來文牘收儲各軍册報備辦委任劄付收受
告退禀件並承卿命管理招募之事考功股長率其副分查各軍駐所各等
學堂之有軍官教習者以及各營合操所義團營房船政製造等局砲臺防
壘凡陸軍各官所司之工程及陸軍各官開除之款項轉運股長率其副籌
辦運送陸軍及其衣械器具馬馱車舟草料紙張筆墨及一切備存陸軍應
用之物給辦義團之衣服器械建造修理陸軍駐所之碼頭橋路屋宇及其

食水燈火專司昭忠墳墓兼司犒賞雇募偵探鄉導通事等人軍需股司備辦分給陸軍糧食及豫備軍營准用物件以便弁兵購領稽察各項支銷軍醫股司陸軍醫藥選派軍醫稽察軍醫儲備藥料及陸軍醫院醫報之事支應股司支給本部及各營陸軍將弁兵丁俸糧估發陸軍各官公費及給發傷亡弁兵除存未領俸糧工程股統理工兵各營修築砲台防壘安放水雷防海各事軍行橋路河海塘湖丈量工程及議院所定兵部應辦工程軍械股司備辦存儲發給美國常備義團招募各兵戰守所用大小槍砲器械查考新式戰具情狀圖式以試驗槍械之法講求各局製造嚴杜叅差糜費諸弊軍法股司理一切軍法司律令案件及陸軍章程條教之事查察關涉陸

軍各營各學堂各工程之案及陸軍弁兵被控之案贊助正次卿各股訂立合同凡有關律例之事軍號股司撰辦陸軍一切號令旗號燈號諸圖說各陸軍行營電報德律風各事代傳各陸軍探報一切事功恤股司紀載傷病陣亡陸軍弁兵之事及凡與郵典局有關之事凡股長以陸軍二三等提督承充其俸薪亦較他部股長爲特優云

十五日早起發外務部電一件報由温哥華埠啓程日期未正一刻率同參隨繙譯人等登英公司日本皇后船是船寬廣較行大西洋之山博而船僅及其半重力不過六千噸申初刻開行同舟有英國香港總督及比國代辦使事參贊葛飛業不期而遇殊可喜又有華商葉恩李夢九來謁見皆粤人

居維多利亞埠者日昨接該埠華商公電請余抵埠時往臨余以艤舟爲時過促未及登岸覆之戌正舟抵維多利亞埠該埠華商共百餘人登船來謁余不通粵語命參贊汪大燮傳語慰問總以毋忘
國家厚恩爲囑諸商唯唯而退亥初卽啓椗行案美國陸兵定額正兵共二萬餘名自一千八百九十六年美日戰後得小呂宋古巴諸島乃增兵額然議院定例不得過十萬人戰時總統可調各省預備兵投効有事則赴無事則散各省預備兵共十萬六千三百三十九人敎之戰法以時訓練平時無餉師行糧食軍隊分七事曰軍務處曰工程師曰馬兵曰礮兵曰步兵曰醫院曰傳發旗號隊正兵額缺由兵部召募於各書信館徧貼告示願當者先由

醫生驗看及格然後挑選投効者須能讀能書身軀強壯無病品行端正年長不過三十五以上年少不得在十八歲以下如未及二十一歲者須其父給予准單父歿母可代給准單如父母均歿則親屬管束人可代給發如投効步軍及防護海濱礮隊身高須過五尺四寸身重最輕一百二十磅最重一百九十磅如投効馬軍及陸地礮隊身高須在五尺四寸以上五尺十寸以下身重不得過一百六十五磅凡當正額兵以三年爲限兵餉每兵每月給餉銀十三圓另給兵衣及糧食如兵丁派往古巴巴都力如小呂宋檀香山及阿拉司加當差月俸每百加二十兵官派往以上各處每百加十兵官分二等一有照一無照有照兵官由總統及兵部發給官階文憑皆係陸軍

學堂出身亦偶有由兵卒考陞者兵官陞階或按資格或論戰功或論辦事勞績俱歸總統酌定咨令上議院議准至其武備學堂定制每上議院議紳及下議院議紳可派本省少年一人入堂肄習未入行省之省及華盛頓府亦可各派本地少年一人入武備學堂此外總統可簡派三十人入學習武事議紳簡派人法有先登報布告本府人考期招少年應試考取第一卽送兵部兵部給准照前赴學堂考試考取卽准入院有議紳不用考試之法卽簡派一人請兵部給照赴堂考試亦有時簡派兩人一正一副請兵部給予考試准照正者先考不入選傳副者往試投考者年歲須在十七歲以上二十二歲以下考試之目有五曰寫字曰算法曰文法書曰地理志曰美國史

記入堂以後四年畢業所讀之書爲算法法文西班牙文繪圖操武法理學化學格物礦務地理電學史記公法陸軍戰例國例工造及營造法武藝放礮法軍火定課自西九月一號至六月一號讀書自西六月中澣至八月杪專學陣法並居棚帳每年甄別二次有不入選者斥退學成卒業者卽派充千總官生徒在學堂時年俸五百四十圓外國人入學堂須歸議院議准後方可收入並須自備資斧入學堂後兩年後准請假回家一次平時不准請假俾得專心學業其章程大畧如此國中槍礮廠共有十七處約分三種一爲藏槍礮處一爲製造軍器處一爲藏軍火處均隨時由兵部查覈

十六日舟行太平洋晤美國海軍部正卿一人次卿一人總辦一人度支書

記一人總理軍務處海軍一等提督一人中軍官一人秘書官一人調遣股長一人廠塢股長一人師船供給股長一人軍械股長一人修造股長一人汽機股長一人醫藥股長一人軍需股長一人通信股長一人軍法股長一人正卿承總統命掌一切海軍之事次卿佐正卿掌一切海軍之事總辦司本部文牘及正次卿房之文件調遣股長司傳正卿號令於各船隊訓練海軍官員兵卒招募遣散判任以下官及海軍兵卒載送弁兵分配水手記載全軍各隊分紮處所增修軍略軍志號令電碼通行章程等書廠塢股長司全國海軍船塢船廠及其產業及廠塢內之器具工作等事師船供給股長司供給全軍各船所用纜錨帆繩海圖燈旗紙張書籍一切師船應用之件

及收取外洋各處海圖分給諸隊軍械股長司水雷火藥炸藥槍炮機器船艦皮甲各廠局之事製造存儲分給運送以上各件及供給各廠局應用紙張筆墨簿籍一切物件修造股長司建造師船一切打樣馬力重力凡船隻相關之事及修理船隻應與軍械廠塢兩股合辦之事汽船股長司打樣購造配製修理行用一切汽機事件凡師船所需者醫藥股長司海軍各項醫院醫生人役及所用器具藥料之事又司建造醫院運送醫藥等事軍需股長司供給運送全軍糧食衣服用物食水及估計其費通信股長司通傳海軍相關消息信報等事軍法股長司理一切瑣務與兵部軍法股同載考美國水師學堂規制創始於一千八百四十五年設在美利蘭省安拿波里斯

地其考取學生入堂之法每年總統選派十名華盛頓都城一名亦由總統舉下議紳每人可薦舉一名如遇缺額水師部大臣每年三月五號後卽行知照某處缺額之下議紳另行薦舉充補各學生均應在學堂學習四年出洋操練兩年學生務取强壯其年歲須在十五歲以上二十歲以下者始准入堂學習均須具結聲明自願爲水師効力若非由國家先行開除八年之內不得規避學生自入堂之日起算每名每年領費美洋五百元其已經出洋操練者遇水師員弁缺出卽可按級升補統計美國現有海軍船隻鐵甲戰船十八艘鐵甲巡船八艘蚊子防口戰船二十艘巡船五十二艘水雷船六十艘船廠之著名者一在布魯連一在費城一在砵羅耶一在金山

十七日舟行太平洋巳刻有風午後風益甚浪入艙中溯湃有聲夜風狂猛舟大撼蘯然一聲若驚霆之不測蓋係浪擊船面鐵梯爲斷其餘玻璃碗琖器具傾倒撞碎之聲不絕於耳余不得寐口占太平洋歌一首其詞云太平洋勢亙西東蛣蛇秋水百潦洪澎濞湛灤兩洲通試訪河伯與海童我行鑿空自紐約歷盡千山與萬壑維多利亞暫依泊轉瞬船頭風浪惡馮夷擊鼓鯨魚趨驪龍驚起探明珠九天九地憑風驅踏破雲梯拉朽株顛倒回混窮區鶩海客蜷伏鮫人怖滊心搖精不得寤手足罷劵蒙疾痼吁嗟平生人是處皆風波鵬戾鯤横彊食多但願八極靖干戈容與太平姿婆娑丑初刻舟停撼如故案美國律部正卿一人亥卿一人參議四五人國務部參謀律司

一人庫務部叅謀律司一人印稅叅謀律司一人郵政部叅謀律司一人內部叅謀律司一人總辦一人律務總委員一人估核股長一人敇釋股律司一人委任股書記官一人支應股書記一人驗案官一人正卿掌本國凡有關法律之事決主各部局應守之條例解釋律例之意義稽察全國之審案律司提刑等官贊佐本國與外國法律交涉之事次卿佐正卿理法律之事代本國國家辨論一切控告之案叅議承正次卿分司各項法律之事國務部叅謀律司庫務部叅謀律司印稅叅謀律司郵政部叅謀律司內部叅謀律司分隷各部局叅議有關法律條約例章案件總辦司本部書記以下員役及本部文牘一切雜事律務總委員商管本國監獄囚犯之事督率其屬

分行各省稽察各審院之事估核股長司稽核全國審院之審案律師提刑書記等官支銷款項上於正卿批准分行各該省暨庫務辦理並估計全年費用赦釋股之律司司一切援案覈乞減赦等其海陸軍弁兵仍歸各該部辦理委任股書記官司委任存記薦舉等事及備辦委任文憑支應股書記承正卿命支發總察院分巡察院各審官提刑書記等官役俸薪及本部一切支用等事驗案官司查驗一切控案主名載考其執法之官全國總理上察院駐華盛頓京專理全國刑案事件凡各分道上察院及中央政府所派之察院皆隸爲總察正按察官一人副按察官八人曾任各省地方察院及分道察院官者方得派充任事無大故則終其身例由總統簡派其屬書記

二人武弁一人訪事一人分巡各道上察院計九道正副按察官分領其事各道設按察二人例由總統察院會派各大郡上察院八十二所各設按察一人任或十年或六年例由民間公舉或由總察院及本省總督會派此外又設控請院駐華盛頓專理民間控請國家賠恤給還地產一切等事其官正按察一人副四人又設一控私產請院駐華盛頓專理民間私產調判分給追還一切等事其官正按察一人副四人又設訴告院駐華盛頓專理一切上控總統或總察之事其官正按察一人副二人各省設本省地方等察院無定限隷總督各城鎭設巡警審堂亦無定限隷美爾及巡警總辦美國之律法如此

十八日早風息舟開行畧平穩案美國郵部正卿一人次卿一人二等次卿三等次卿四等次卿各一人總辦四人參謀律司一人委任事務書記一人總度支書記一人城鎮記載官一人度支股長副各一人派信股長正副各一人供給股正副各一人匯票股長正副各一人發信股長正副各一人待問股長一人轉遞股長一人合同股長一人稽察股長一人郵器股長一人鐵路股長一人外國股長一人理財股長一人郵稅股長一人分級股長一人掛號股長一人銷票股長一人檔案股長一人委任股長一人察吏股長一人糾察股長一人正卿督辦通國郵政事務除正部次卿各大局總辦由總統簡派外本部各員及分局總辦委員薪水一千元以下者皆由正卿委

派兼掌與外國訂立聯合郵政條約及與各局各公司訂立辦理郵政事務合同次卿佐正卿專掌度支以下六股之事度支股長司支發各局員月俸薪一切局費經理分局書記押保租賃信箱啓閉郵局時刻各局員役請假及設立郵政分局等事派信股長司各城邑收信派信辦法安設信箱等件稽查派信路徑程途時刻選派信夫稽察勤惰等事供給股長司各局應用紙張筆墨秤磅簿籍等件匯票長司本國內地郵政匯票及外國往返郵政匯票之事發信股長司凡內地外國信件之無人收受者設法遞寄或存儲該局候查或寄還原主其有緊要文書銀物一律迅速交還其無主者報知總局存儲告白候領待問股長司復答各局員役查詢郵政事例辦法二等

次卿佐正卿專掌轉遞以下六股之事轉遞股長司凡由鐵路電路寄信及馬車載信氣筒傳信等事督造火電等項寄信車輛料理津貼各公司代行車輛之事合同股長司與各車船訂約裝信之事稽察股長司稽察各車船公司及代理分局能否按照合同辦事郵器股長司製辦修理分給一切郵袋信箱鑰匙等件並記其存數毀數鐵路股長司鐵路代帶信件之事及隨附鐵路郵政書記委調升降之事外國股長司凡與外國郵政聯合往來交涉之事及輪船代帶信件之事三等次卿佐正卿專掌理財以下六股之事兼掌供給各署公用免費信封信片等件理財股長司本部款項收入存儲生息之事及指揮各分局入款存解辦法郵稅股長司發交各分局郵票明

片等件核算其銷售應入之數立册存記分級股長司凡一切郵件分別其等級定爲郵票數目立册記載掛號股長司凡一切掛號信件及其辦法銷票股長司各分局繳還廢壞無用信票明片等件擋案股長司本部一切大小文牘又其屬有辦理郵票委員一人辦理明片委員一人辦理郵票信封封面紙委員一人四等次卿佐正卿專掌委任以下各股之事委任股長司本部委派各局員役之事及訂定分局名稱察吏股長司記載各局員役押櫃保結等事糾察股長司糾察各員及違犯郵例之事此外又有分局總辦六十一人委員無定額余覓近年美國郵政出入年表載一千八百九十九年賣信票共收美洋九十五兆零二萬一千三百八十四元費用一百零一

兆零六十三萬二千一百六十元一千九百年賣信票共收美洋一百零二兆零三十五萬四千五百七十九元費用一百零七兆七十四萬二百六十八元一千九百零一年賣信票共收美洋一百一十一兆六十三萬一千一百九十三元費用一百一十五兆五十五萬四千九百二十元

英軺日記卷十終

英軺日記卷十一

七月十九日舟行太平洋頗平穩攷美國內部正卿一人次卿一人二等次卿一人總辦一人參謀律司一人委任股長一人支應股長一人公地鐵路股長一人土番事務股長一人專利等事股長一人土番屬部股長一人請給賞郵司長一人紙張册籍司長一人清檔股長一人專利給照局督辦一人賞郵局督辦一人公地局督辦一人教育局督辦一人鐵路局督辦一人地理丈量局督辦一人戶口册籍局督辦一人土番局督辦一人正卿之職督理專利給照賞郵官弁兵吏國家公地紅皮土番通國教育通國鐵路地理測繪戶口册籍公家苑囿津貼農工諸學等事凡克崙比亞京畿內之醫

院善堂亦歸稽察次卿佐正卿專理內部與庫部及各屬省交涉之財政契券合同等事兼理土番產業購賣典押及鐵路股與保全通國著名苑林等事二等次卿佐正卿專理專利賞卹教育之事兼理瘋狂瞽瘖各種醫院善堂總辦之職掌本部書記以下一切員役及正卿往來文件供給本部應用紙張筆墨等件及刊布縉紳錄專利給照局督辦掌凡一切新法新機新理或改良各件之有益民用者督所屬查驗得實給照准其專利聲明權利年限凡商標號碼招牌等件註冊存案賞卹局督辦掌凡曾立戰功之官弁兵役生時賞功及死後卹典呈請辦理者督所屬查驗得實照例給照准領銀兩公地局督辦掌凡公地產業租賣典批及撥充各項公用善舉等事教育

局督辦掌稽察通國教育之事凡整頓學律學規擴充學堂書藏教習學生一切情形按期造册刋布兼理津貼農工學堂辦法鐵路局督辦掌凡鐵路公司敷設鐵路在米悉悉皮河之西南北岸相近之處者或經國家津貼擔保債票股分者或借用國家公地官道者應將圖說呈請督辦查驗按年將數部呈請督辦查驗督辦卽將隨時稽查一切律法合同之事每年六月杪造册刋布地理丈量局督辦掌所屬分別公地之等級查核地輿圖說泉水源流地宜土產及丈量山林等地戶口册籍局督辦掌所屬辦理通國及屬地戶口凡生齒事業本籍寄籍三代等事一一注明造册刋布每十年淸查戶口一次臨時由議院撥款派員周歷各省特設分局辦理限期告成土番

局督辦掌內地土番一切生聚約束教育供給糧食衣服等事蓋美國內部略如周官司徒之職朝市之事養育之宜皆屬焉綱舉而目張庶政事四達而不悖也

二十日舟行太平洋有風雖較十七晚稍平然嘔噦之聲已相連屬矣攷美國農部正卿一人亞卿一人總辦一人委任司總辦一人天文股長一人畜牧股長一人植物股長一人森林股長一人化分股長一人辨土股長一人驗蟲司總辦一人體物司總辦一人支應司總辦一人纂修司纂修官兼總辦一人記錄司總辦一人外國商場司總辦一人書藏司總辦一人道塗司總辦一人正卿之職掌一切農務之事督理農務試驗各場稽察邊境檢疫

所牲畜入口及內地檢疫所牲畜轉運蒐採農務新法隨時刊布動植各物新種分給民間試育次卿佐正卿掌農務一切事總辦掌本部書記以下員役及本部雜務委任司總辦承正卿命司本部與所屬各官遷調委派裁撤之事及其公牘文憑天文股長承正卿命測算陰晴寒暑風霜雨雪逐日刊布遇有風灾水旱先期布告臨時升旗示警以便農商及航海諸人又測算河流漲落稽查沿海傳警電綫搜採海疆消息隨時布告以便商務航業又測候天氣雨水以便種棉凡天文之事有關農商者均歸掌理畜牧股長掌查考各種畜病設法消止稽察各牧廠及屠市情形進出口各種牲畜及內外檢疫所轉運牲畜事務又稽察牛乳牛油製造廠果無弊害始給文憑准

其出口其屬有畜牧分化所官七人主考察牲畜肉質皮毛種類乳酪各物損益及牲畜病源又有畜牧試驗場一所官二人掌試驗牲畜牧養之事以上並屬於畜牧股植物股長掌查考一切植物性質功用品類及除病去蟲之害并督理各所場事務其屬有查考穀蔬病害功用所官八人掌查考五穀各種菜蔬有關民生者如何去病除害肥種生力以及移種選子之法又有草木查考試驗所官四人掌攷察各種草木性質功用損益生殺之法分別子種之事又有牲畜草料查攷試驗所官二人掌考查本國外洋各種草料宜於牲畜者其移種選子之法天時土宜之別及試種之事又有果瓜考查所官三人掌考查各種瓜果性質功用如何移種培養收藏之法一以供

民用一以銷外洋又有園囿料理試驗所官三人掌經理京城各街公家園囿栽樹種草之事及講求試驗花窖一切培養花草之事又有議院分派子種官二人掌收藏各項貴重種子分給上下院紳士各省委員各省試驗場令其試種又有子種樹秧交換所官二人掌搜採天下各國草木穀蔬名種分行本國各省試種又有阿靈頓穀蔬瓜果試種場官一人場在京城南爲本部試種總匯之區又有茶葉種製場官一人場設南加路鄰那省專試種茶葉及製造之法以上並屬於植物股森林股長掌敎導農民林業諸商等一切種樹取樹之法本國樹木稀少之地設法栽種並敎導種植之法考查何種樹木可以銷售商場及一切樹木長養鋸解之法又助内部整理林木

之事化分股長掌用化學法分化水土性質宜種何項植物宜畜何項動物如何肥土淨水何種食物有益衛生及襄理本部各股需用化學之事辨土股長掌查攷土性宜於種植之事及將通國地土繪圖列說以資考究兼考查種植烟葉之事驗蟲司總辦掌考驗各種飛走蟲豸有害動植諸物者如何捕捉滅絕之法並將其形狀性質刊布各處體物司總辦掌考查動植物性土宜分別通國地方繪圖刊布又考查鳥獸及獸之孳乳者如何保全使無擾害又頒行議院所定雀鳥入口及保全雀鳥之例支應司總辦掌收納部庫撥款各項入款支給各股各場所費用及財政之有關本部者纂修司纂修官兼總辦掌撰輯刊布報章通啓及一切公牘凡有關天文農務之事

皆輯錄刋印通行各議紳記錄司總辦掌訪查本國外國農務穀食牲畜牧
情形本國由各城邑官紳外國由領事農商委員隨員等官商代爲查報撰
錄成書刋送各議紳各省官員又輯穀類收成市場情形每月一册分布各
城外國商場司總辦掌推廣本國農産銷行外國商場之事凡各國市場所
需品物一一查明又查如何轉運如何入口如何銷售之法書藏司總辦掌
本部購存捐入各項公私書籍報章及各股年報通啓册籍之類道塗司總
辦掌稽查通國街衢道路修治平築情形及如何整頓之法至其教育農事
由農務部漁務局各試驗場爲之提倡農部又刋刻各種新法之書任人取
讀不受貲農務賽物院亦任人入觀農學堂除教學生外並設夜課以教農

家子弟之無暇往學者又恆於冬令農閒之時開農務演說會用淺語淺法教導村農之不能讀書者而國家於地稅則徵收甚徵衹由本省酌收若干供本省公用惟本康地或昔地則按年豫算攤捐以供地方之公用其數亦不一律斯美國任地之大綱也余案孟子言王政不過曰五畝之宅樹之以桑曰百畝之田勿奪其時而對滕文公則曰民事不可緩也可見農務實爲國家本事近人論西國之富輒稱其美鑛產擅工藝鮮有及於民事者不圖今至美洲攷其重農貴粟之經實與我中國先賢所論隱相符合且美國致富之本實以樹藝爲大宗乃歎古聖賢經濟所包閎遠固未可以私臆菲薄之也

二十一日舟行太平洋畧平案美國近兩年出口貨物大約農務出產者居百分之六十四礦產居百分之四製造出產者居百分之二十八計一千九百零一年出口貨物所值農務出產已居九十四兆元知農務之不可不重而鼓舞商情流通貨物如泉源之暢行於地尤為國家元氣所關其獎勸工商之法一曰免稅二曰賽會三曰獎給金銀銅三等牌四曰專利此外復准民間自設工商學會祇須將章程稟官查驗存案並准地方官入會為會友共提倡可謂至矣查美國商船註册領憑者輪船共七千零五艘帆船運船及各種船共一萬六千艘載貨共五百萬噸約值二百一十五兆零六萬九千元再攷近五年出入口貨物價值表一千八百九十七年出口一千零五

十兆九十九萬三千五百五十六元入口七百六十四兆七十三萬四百十二元計出口多於入口二百八十六兆二十六萬三千一百四十四元一千八百九十八年出口一千二百三十一兆四十八萬二千三百三十元入口六百十六兆零五萬零六百五十四元計出口多於入口六百十五兆四十三萬一千六百七十六元一千八百九十九年出口一千二百二十七兆零二萬三千三百零二元入口六百九十七兆十四萬八千四百八十九元計出口多於入口五百二十九兆八十七萬四千八百十三元一千九百年出口一千三百九十四兆四十八萬三千零八十三元入口八百四十九兆九十一萬一千一百八十四元計出口多於入口五百四十四兆五十四萬一

千八百九十八元一千九百零一年出口一千四百八十七兆七十六萬四千九百九十一元入口八百二十三兆十七萬二千一百六十五元計出口多於入口六百六十四兆五十九萬二千八百二十六元

二十二日舟行太平洋午後有風案美國於各部外分設之六局○一總理本國各省通商局專理各省彼此交易凡土產製造如何改良便宜之事尤重在轉運貨物一事凡鐵路輪船河道皆聽稽查詳報議院商旅人等違犯轉運條例者聽其議辦其官督辦五六人秘書官一人總辦總書記無定額二勞工局卽工人局專理大小巧拙工作之事凡民間待遇雇工工作時刻男女勞工年限各行工值及教育工人勸化工人之事皆聽稽查造册詳報議

院其官督辦一人總辦一人支應書記一人三胥吏局專理考選傳各部局地方公局書記以下各員之事其官督辦二人總考試官一人書記一人四國家刋印局專理刋印文牘律例銀幣鈔票凡國家公署一切用件其官督辦一人總辦一人秘書官一人技師二人五漁務局專司本國一切澤梁數罟之事其官督辦一人以熟悉漁務者充補職在育養民食魚秧及蝦蠔蚌蛤等水族分交各處試育查攷害魚病魚之事化驗河海各水宜於何魚務使凡有河湖之處均有各種魚秧以供民食蒐採凡有關水族之事及養育水族之法均編輯成書詳達議院外有總辦一人食魚股長一人育魚股長一人漁法股長一人支應書記一人别有分局試驗漁務場三十七所分布

各省河海要口又分派魚秧火車五輛考查漁務輪船二艘帆船一艘其事皆隸於總局六地輿局專理一切輿地圖說之事及擬定地名通行照用其官總辦一人書記一人此外有國家美術院一所專收集名家畫圖磁器繡物以爲標準會員無定要而言之各部以綜攬宏綱各局以分理庶務所謂如川之流脈絡分明是以任官惟其能而國無廢事也

二十三日是日爲重日蓋自西徂東舟隨日行度數不同積分成日至此適滿一晝夜故本日在歐美兩洲爲二十三在亞洲已爲二十四矣攷美國議政分上下兩院議定律例憲法以及通國應行之事上院議紳九十人每省舉二人美國行省四十五共九十人年歲須在三十以上隸美籍須在九年

以上任六年俸五千元書記俸千元下院議紳三百五十七人每戶口三萬准舉一人年歲須在二十五以上隸美籍須在七年以上任二年俸同上院又屬部委員無定額上院紳以副總統爲議長以下各議紳分股議事約而言之有農務山林股有海濱測量股有戶口股有選官吏股有海防股有商務股有京畿股有京畿公司股有教育股有大學校建立股有理財股有漁務股有外交股有保全動植物股有地理測量股有修理米西息皮河道股有印甸土人事務股有運河股有內地商務股有刑獄股有藏圖書股有製造股有武備股有礦務股有海軍股有稽察行政各部股有太平洋羣島事務股有太平洋鐵路股有專利事務股有卹賞股有飛獵賓事務股有郵政

股有印刷股有私產索給股有公家廨宇股有衛生股有公產股有鐵路股
有坎拿大交涉股有古巴交涉股有修改美國律例股有屬部股有通海運
轉道路股有保全婦女股有運售肉食股有工業賽會股有國家銀行股有
稽察度量權衡股有勞工股各股名目不一時有增減大約每股自五人以
至十二人舉一人爲領袖凡事先經本股議妥然後集衆陳說有一人兼任
數股者下院則自舉議紳爲議長其分股畧與上院同每歲以西歷十二月
闢門聚會以西歷三四月散會有事則改遲兩院不得參差也事經議妥則
呈於總統請命若總統不允仍交兩院再議倘議紳有三分之二以爲可行
則逕施行著爲例否則作罷凡議事以從違多寡決可否如歐洲例省議會

分上下兩院如國議院例上院紳年歲須在二十五以上任或二年或四年日俸數元散會停俸下院紳年歲須在二十一以上任二年俸同上院紳議事之章如國議院康地昔地議會略倣省會下院之制會長一人美爾有事則由會長攝事會紳年俸一千元任二年書記官一人由議會公派以理雜事凡康地昔地之事由議會議定上於美爾以決可否章程如省議會例

二十五日舟行太平洋晚有風余在紐約時覓得美國學校章程至是命參議梁誠口譯詢以美學校官私共若干所生徒共若干人譯曰大學祇陸軍水師兩學爲官建其餘皆私中學小學各種學官建者學徒共一千六百萬人民間私設大學豫備大學共四百八十所大中小各種學私立者生徒一

百九十萬人專門學堂兼大學堂學徒六萬九千人詢以官學堂歲費若干譯曰除海軍陸軍兩學堂不計外約二百十三兆三十萬元內蓋造學堂書樓鋪陳書籍等費三十八兆總辦提調男女教習薪水一百三十六兆雜用三十九兆學堂入款常年已定生息等款九兆二十萬各省政府稅三十五兆本地方稅一百五十兆各項收款二十三兆共二百一十七八兆詢以學堂選取教習之法譯曰除大學已領憑作爲舉人秀才之學生兼習師範准充教習外另有專門師範學堂諸生不論男女讀書滿四五年經本學考試及格省督及學官考試及格始給文憑在本省各學充教習大約經十六次考試始得爲人師教小學初充教習年脩自五百元遞增至二千元並可升

總辦督辦亦有以女子爲總辦考者詢以專門之學分幾門譯曰法律醫學天文算學理財學工程學化學農學哲學礦學傳教學商學詢以學生卒業如何錄用譯曰無定章惟業醫者非醫學堂得憑之人卽爲犯例其他律司工程司傳教師牙科師電學師化學師打樣師皆然卽商務中之至下等者如寫快字機器鈔字之類亦須有學堂憑據始有人雇用如中國之教官非秀才舉貢不能作也有不錄用之例則人人皆求所以錄用也詢以國家如何考查學堂譯曰係地方紳士所辦之事每城必有視學官或學務司之類又由紳士彼此公推數人作爲查學會隨時可以查考有改學章易教習之權內部亦有學務股不過受各省各城學官之成稽其册頒行通國而已詢

以藏書若干所譯曰美國藏書五千三百八十三所書四十四兆六十萬卷任人取閱不收貲官立者十之一學會立者十之三學堂附屬者十之一餘皆富民獨力創建者以便寒畯詢以推廣教育之事譯曰學會有演説善會亦間有演説者大約爲年齒較暮及無暇讀書無力讀書之人而設爲益尤大其法先由會長延請專門名家擬定題目排日演説先期布告各處有憑票入門者有隨便入聽者無日無之此外如新聞紙亦教育之要端美國新聞紙計月報二千九百零二家七日報一萬五千四百七十五家日報二千二百七十一家半月報二百八十五家三日報五百十一家季報一百七十六家兩禮拜報七十一家兩月報六十九家三禮拜報五十五家約共二萬

一千八百二十七家譯訖亟錄存其說以備攷

二十六日舟行𨍭平案美國行省屬部各官分立法行法司法三種行法者總督以下各官也行省總督舉自民間年歲二十五三十以上曾入美籍五年或十年以上住居本省二年或五年以上方得膺舉任二年或四年年俸一千五百元至一萬元屬官自副總督外有國務司有稽察度支司有庫務司有學務司有律政司有公地司有農務司有庶務司有測繪司有路政司有書藏司有刋刷司有監獄司有工務司有稽察製造各廠司有稽察銀行司有稽察煤油司以上由地方公舉者十之八由總督自辟者十之二任或二年或四五年其省司法院郡縣鎮市司法院統由地方公舉任或六年或

八年屬部總督及其屬官皆由總統選派行省屬部劃爲郡縣市鎮分區自治各不相統郡縣謂之康地又曰昔地猶言邑也戶口恒在二萬以上康地之長曰美爾職如古郡守猶省之有總督也舉自民間綜司一康地之事年俸自數千元以至一萬五千元任二年舉法略如總督市鎮謂之陶猶言聚也戶口恒在二萬以下陶之長曰蘇洎外色總理一陶之事職如古邑令而隸于總督猶康地昔地之有美爾也昔地大小貧富繁簡不一治事官無定員亦有立法行法司法三項兹特舉紐約以爲例查紐約昔地戶口三百四十餘萬地三百零八英方里劃分五區區舉一長爲本區之代表佐美爾治事年俸自三千元以至五千元由民間公舉任二年度支局總辦一人二等

帮辦一人稽核度支官一人地稅官一人各區帮辦數人本昔地受餉官兼街市長一人支應官一人收發存放錢銀官一人工務局總辦一人書記一人街道委員一人溝渠委員一人橋梁委員一人自來水電氣煤氣委員一人清道委員一人管理各種公廨委員一人巡警局總辦一人帮辦數人稽察官數人分局巡警長數人分段巡警官數人參謀律法局總律師一人帮辦一人委員數人開闢街衢委員一人火政局總辦一人分局總辦一人火政長一人火政副一人救火隊長二人書記一人衛生局總辦一人會辦二人書記一人公家苑囿局總理兼總辦一人分局總辦二人書記一人建造局總理兼總辦一人書記一人分局總辦二人地稅兼估地稅局總理一人

分局總辦三人善舉局總理兼總辦一人帮辦一人分局總辦一人改過局總辦一人帮辦二人船塢碼頭局總理一人總辦二人書記一人經理遺産局總辦一人帮辦一人書記一人學務局總理一人書記二人監督一人分局總理三人書記一人管庫一人又學務會參與學務紳士若干人豫算估用局係美爾議會長度支局總辦地稅局總辦參謀律法局總律師兼任書記一人昔地檔案局正司理一人副司理一人本省派駐稅酒局委員三人檢疫局委員三人檢疫醫官一人書記一人引港局委員五人書記一人港務局總理一人委員九人書記一人陶地居民亦設會堂每年聚會一次議舉理事之官議定應行之事其議員亦由衆推舉其治事司事官一人專司

案牘及一切議事舉官之事巡警官一人專司緝犯詰姦捕盜獄囚彈壓之事稽查人命官一人專司死喪及横死瘐死之事司庫官一人專司收支租稅及代本省政府徵收租稅之事稽核庫務官一人專稽核司庫收支事恤貧官一人專司善舉之事審訊官一人以律師出身爲之專司審訊獄訟之事而隸於省察院學務官一人司公私學塾民間讀書之事以上各官或兼攝或專任或久或暫無定格余向聞此種郡縣市鎭自治之法實爲美國內政第一關鍵亦爲內治最良辦法蓋地小易舉人親易合事簡易行法令易周姦宄易戢一郡縣市鎭治則一省治一省治則一國治其法始于日耳曼盛于英吉利美國自主後益求完密蔚成大國總統垂拱百僚靖共朝無不

職之官國無不舉之事由此道也

二十七日舟行太平洋夜有風霧甚輪舟頻放氣筒穌囉之聲達旦考美國將以甲辰年三月在散魯伊斯城開設博覽會駐京美使康格敦請中國派監督赴會考察並選派工商兼贏比賽余在紐約接外務部電囑於暇時便赴該處游覽惜以匆促未及前往又聞日本將以癸卯三月在大阪開設博覽會蓋賽會一事實爲各國商務最要關鍵其時瓌貨山積彼此誇多鬭靡而工商游覽其間何物暢引何物滯銷一一由于目擊則相觀而善之念必能油然自生故其國家不惜津貼鉅貲使商人挾貨赴他國賽會誠以事雖細微而收效最捷速且查各國本無出口貨稅而每當賽會之期其進口貨

物並不收稅如爲賽會載往人貨川資運費亦皆減價今兩國賽會之期日先美後而日本近在咫尺誠能使中國富商齎載貨物選帶工匠明年前往日本試行賽售並體驗各貨引銷利鈍之故考察各國貨物體質式樣雕繪之宜回國仿造窳者必求其良良者益求其精商出其資工效其技越歲再赴美國賽售其得利者固足動人欣羨播爲美談而失利者亦可廢然自思擇善而從有益商務斷非淺鮮至于辦理之法應由商務大臣及各直省督撫出示曉諭並選派公正明允有志濟時之官紳認眞勸導富商良匠赶造備賽其大者如江浙豫蜀之絲綢北京江浙湘粵之顧繡南省之竹木銅錫各器江西景德廣東石灣之磁器宜興之陶器蜀之髹漆閩之沈漆揚州之

漆器廣東雕刻牙角玳瑁之屬其小者無論竹頭木屑羽毛齒革珍寶玩物之類皆不妨畧備一二然必須工商偕行詳細考驗乃能兼圖後效所有專爲賽會載運出口之貨應仿各國通例免其收稅明歲試辦之始並由招商局派船遣送免收川資運費如有商本不足者由官借墊如有折閱太鉅者由官津貼其製造精美爲外人所歎賞不脛而走者給與牌匾旌其門閭統計國家所費少不過數十萬金多不過百餘萬金以十八行省之大分而任之何虞不給而將來商務日有起色所獲奚止倍蓰果能辦有成效閱一二年即在吳淞擬建通商場之處設立會場通照各國遣商來華賽會仿照外洋成法妥爲經理保護顯以拯商民之困隱以裕稅餉之源塞漏卮開風氣

實閭閻命脈所關箴膏起廢之良藥也知關心民瘼者必不以斯言爲河漢矣

二十八日早起舟平至閱報房適值英國香港總督款譚良久港督深惜兩廣總督陶模乞退頗以中國人才消乏爲憂復告余以歐洲各國智力相角一旦有事强凌弱衆暴寡若火之燎於原不可嚮邇十年之後歐洲一隅將不過僅存三國鼎足而立蓋蠶食之禍必至於斯余因思從前德相俾思麥有言五十年後環球列邦能自存者殆無幾國亦即此意蓋嘗上而溯之亞洲自漢魏以後歐洲自羅馬以來其間遞興遞嬗倏盛倏衰未嘗消息刱方今世變之亟有如疾風之掃籜良驥之絕塵而奔運會所極將至於不可思

議是惟豪傑之士稔知此中之消息兢兢焉徹彼桑土綢繆牖戶迺能自完於其際昔者黃帝處太古無爲之世其言曰日中必熭操刀必割見幾之不可失也孟氏子處戰國縱橫之世其言曰及是時明其政刑見時之不容須臾緩也興念及此能無憮然午後天驟熱見西人男女環坐閱報因憶及在巴黎時觀游也魯鐵塔其中司升梯之西侍自上下下不過數秒鐘猶且流覽報章不自暇逸蓋西國教人專以惜時爲宗旨其言曰凡士農工商除禮拜休暇日外不可虛度時日若荒棄一分一杪鐘之時刻卽損失無限若干之貲財推究其意與昔賢惜分陰之說正復相符而其以時刻爲生財之根本尤爲精核無倫可見泰西各國所以駸至於富盛者自有道也晚間同舟

西人比賽謳歈蓋爲醵貲濟貧計余偕參議梁誠及諸參贊等往同聽之子刻息

英軺日記卷十一終

英軺日記卷十二

七月二十九日舟抵日本橫濵出使大臣蔡鈞遣參贊官銓林等至輪舟來接日本宮內外事課次長及外事課員神奈川縣知事橫濵市長均到碼頭迎接余命參贊陶大均分别酬答宮內省豫備馬車即登岸至橫濵行宮出使大臣蔡鈞先巳祗候跪請

聖安禮畢小憩午初刻乘特等火車赴東京午正抵京宮內次宮及外務總務長官東京府知事警視總監憲兵令司官東京市長等均到新橋車站迎接宮內省備有馬車次長陪坐徑赴上野行宮地名精養軒瀏濫蕭曼境極幽雅旁有池名不忍池殘荷半沼秋蟲唧唧至此殊動故鄉之思午後發外務部

電一件報抵東京日期並飭參贊官陶大均與宮內次官訂定明日午刻覲
見日皇案日本國國體爲萬世一系統治之國其皇位依皇室典範之所定
皇男子孫繼承之日皇爲國之元首總攬統治權依憲法之條規而行之帝
國議會之開閉法律之裁可公布執行條約之締結宣戰議和陸海軍之統
率大赦特減刑復權之命令皆屬於日皇大權之下臣民享有憲法所定之
權利義務奉戴皇室分爲華族士族平民三階華族分公侯伯子男爵五等
今明治日皇爲神武日皇之百二十一世孫名睦仁孝明日皇之第二皇子
嘉永五年九月二十二日生慶應三年正月九日踐祚翌明治元年八月行
即位禮皇后名美子從一位公爵一條忠香之第三女嘉永三年四月十七

日生明治元年十二月二十八日敕爲皇后皇太子名嘉仁明治十二年八月三十一日生明治二十二年十一月立爲太子皇太子妃名節子從一位大勳位公爵九條道孝之第四女明治十七年六月十五日生明治三十三年敕爲太子妃翌三十四年皇孫裕仁生三十五年皇次孫雍仁生皇女四皇族凡十家所有帝室一切之事務宮內大臣總理之宮大臣有統率所部各官監督華族之責又得於皇室典範制定之外奉敕制定施行於帝室之諸法規惟不可抵觸法律勅令之範圍宮內省分內事外事調查三課侍從式部皇后宮東宮大膳五職內藏主殿圖書內匠主馬諸陵六寮御料爵位侍醫主獵調度帝室會計審查文事秘書七局又有御歌所他若帝國博物

館學習院華族女學校亦附屬於該省云

八月初一日午刻日本宮內省式部官至行宮導引余率同參隨繙譯各員

進宮覲見日皇至則宮內官導余入外部大臣等各立殿外余入殿門行三

鞠躬禮敬致

皇太后

皇上德意以中日地處同洲親逾唇齒惟冀此後邦交益加敦睦共維東方大局

庶幾永享太平命參贊官陶大均譯述日皇答禮敬頌

皇太后

皇上聖安旋即握手慰問再四詞意殷勤禮畢赴宮內大宴日皇率宮內省外部

大臣等均陪坐款談一切賓主盡歡宴畢少憩余遂導見各參隨繙譯等日皇逐一握手詢問各參隨等亦應對如儀申正回行宮攷日本地理面積日本國合本州及四國九州北海道千島佐渡隱歧淡路壹歧對馬琉球小笠原島臺灣澎湖島而成極東至東經百五十六度三十二分極西至同百十九度二十分極南至北緯二十一度四十五分極北至同五十五度五十六分全國分五畿八道五畿即畿內山城大和和泉攝津五國八道即東海道爲伊賀伊勢志摩尾張三河遠江駿河甲斐伊豆相模武藏安房上總下總常陸十五國東山道爲近江美濃飛驒信濃上野下野岩代磐城陸奥羽前羽後十三國北陸道爲若狹越前加賀能登越中越後佐渡七國山陽道爲

播磨美作備前備中備後安藝周防長門八國山陽道爲丹波丹後但馬因幡伯耆出雲石見隱岐八國南海道爲紀伊淡路河波讚岐伊豫土佐六國西海道爲筑前筑後豐前豐後肥前肥後日向大隅薩摩壹岐對馬十一國北海道爲渡島後志石狩天鹽北見膽振日高十勝釧路根室千島十一國但琉球臺灣不在此列更依行政之便分全國爲三府四十一縣三府卽東京府京都府大阪府四十一縣卽神奈川縣兵庫縣長崎縣新瀉縣千葉縣茨城縣羣馬縣栃木縣奈良縣三重縣靜岡縣山梨縣滋賀縣岐阜縣長野縣宮城縣福島縣岩手縣靑森縣山形縣秋田縣福井縣石川縣富山縣鳥取縣島根縣岡山縣廣島縣山口縣和歌山縣德島縣香川縣愛媛縣高知

縣福岡縣大分縣佐賀縣熊本縣宮崎縣鹿兒島縣冲繩縣別於北海道置道廳臺灣置臺北臺中臺南三縣計近今戶口全國戶數八百十七萬五千二百戶人口男二千二百七萬二千六百五人女二千百六十八萬八千百四十九人合計四千三百七十六萬七百五十四人人口之生當百分之三零一九死當百分之一零一九之比例

初二日早日皇特派侍從長赴行宮答拜已初率同參議及各參贊等往觀砲兵廠地極宏敞堅重[HTML_REMOVED]分午刻赴後樂園小松宮親王之約小松王前在歐洲時曾見過數次至此歡聚益臻親密園中松檜盤鬱石徑逶迤尤擅奇勝余詢小松親王知是園爲水戶藩源光所建其規模皆明遺老朱舜水所

布置朱浙之餘姚人有明末造流寓日本遁跡不出寄居是園構得仁堂並刻伯夷叔齊遺像以寫其志洵忠臣也余作詩弔之錄入英軺雜詠中申刻往觀氣象臺測風雨陰晴之屬璿璣蘁數不爽累黍出宮內官復導觀日人搏鬬擊劍軹深井里之徒銳氣橋容風雲叱咤想見任俠之概戌正赴蔡星使夜宴子刻歸案日本立國首重憲法憲法之外有曰私法曰公法曰國際法私法者定人民與人民之關係從而保護制限之者也公法者定政府與人民之關係從而保護制限之者也國際法者定國與國之關係從而保護制限之者也憲法於三者之中屬乎公法要其宗旨則定主權之所在定人民之權利義務定主權之關係及權限蓋一國之大本大法於是乎立主權

之要有四一曰獨立不羈二曰完全無缺三曰至尊無上四曰獨一無二獨立不羈者何言其不聽命外國之權亦不聽命於國中各部之權也若外制於公法内阻於行政各部及議會之議論此則揆諸理勢之當然於主權之獨立無損也完全無缺者何凡合一而不分者謂之全昔人稱高等法院爲有主權法院其說非也蓋高等職官若有主權則國家不止一主權豈所以立國故主權曰完全無缺至尊無上者何蓋主權爲國家至高之權位乎一切之上無有可駕而凌之者也獨一無二者何即古人所謂天無二日民無二王之義也昔有理學家霍布士之說曰有生之人各係平等故古之人皆互相宰治以全其天迨後人數日增習俗漸移於是互相宰治之道廢遂至

人人皆欲擴張其權利因擴張而相爭因相爭而强者勝弱者敗馴至强者愈强弱者愈弱舉天下之弱者悉聽命於一强此必然之勢也故盡一國之政而一人專之以控衆弱於國家大有裨益蓋主權之關係如此其重據此可見平等之說原係亹聞罕漫之詞憲法者乃執一御萬之要道實裁判等差之根源故必先闢平等之說而後可與言憲法

初三日午初設宴於行宫徧請梨本親王華頂親王小松親王及宫内省外務省各大臣酬酢歡洽未初席散赴芝離宫觀擊球其法以空洞爲鵠左右懸紅白球各十枚比賽者紅白各四人挾球馳馬往投紅者中則擊鼓白者中則鳴鉦紅白各自護其耦兩家中至八九枚時彼此益相厄譬紅者進則

不必強之使違人心之所惡不必強之使從一曰產業家宅可以自主人有產業聽其自守之自殖之自聚之國家不爲顧問人有家宅憲法不許閒人濫入不許強爲予奪一曰赴訴鳴願凡有害己者訴於國家以求保護之赴訴有利己者請於國家以求援助謂之鳴願官吏於其赴訴鳴願當據理以爲判斷是曰權利至論人民應守之義務厥有二端一曰賦稅取一國之財辦一國之事政治之公理也凡建國立政府其政事軍事之費用文武百官之祿食皆仰給於財政故通國之民皆當盡力以供賦稅賦稅有四大要一應比例其貲力之多寡以定所收多寡之率二應設一定之法以示完納賦稅之人三賦稅之時與如何完納之法應擇其最便於民者行之四收稅之

白者中道阻擊之使不得投輙霅警捷極繽紛之觀勝負以中十枚爲率一家勝則負者之曹咸下馬芒然氣阻而退云晚赴紅葉館夜宴主人爲梨本華頂小松三親王暢飲劇談余特賦詩誌謝錄入英軺雜詠中子初歸案憲法自由之說指民人應得應守之權利義務而言然非謂民人可以上侵主權也蓋天下有無國之民無無民之國民爲邦本故視民宜貴我中國經傳中固已詳言之矣兹攷各國憲法所論國民應得之權利約有數端一曰言論謂自言其所欲言於風俗有議論於學問有議論於交際及一切事物皆有議論公是公非國家不爲之制限一曰遷徙凡人民之去他國適此邦者國家不爲之禁制不因而課稅一曰信從是非好惡存乎人心人心之所好

際應極意節省冗費使民之所出與國之所入其差率不甚相遠此憲法所定賦税之大端也二曰服兵生人各有自衛之理乃天職也能執干戈以衛社稷古史所重故立憲各國皆以服兵爲民之義務而德國所定服役義務與軍法裁判等尤爲精嚴其憲法第三十七條載軍法裁判以刑事爲限亦以法律規定之軍律依勅令之所定此憲法所定服兵之大端也是曰義務然則憲法自由之説蓋所謂盡其性分之所固有職分之所當爲實則權利義務皆有制度判决淺言之可謂之自由深言之則斷無自由之一時與自由之一事若夫横决恣肆則適與憲法相悖豈所謂自由者故必闢自由之説而後可與言憲法

初四日是日中國學生五百餘人爲歡迎會於會館請余一往臨存余於午初刻率同參議參贊各員赴會館使館參贊銓林繙譯馮國勛咸在會館爲學生總長暫租在神田區駿河台鈴木田十九番地房屋甚窄迫余下車諸生咸排班晉謁彬彬有禮余因近時學派歧雜異說朋興爰將爲學大旨爲諸生勉勵數言其說如下云諸生從數千里外負笈遠遊講求各種學術我甚嘉慰欣感蓋諸生所以東來就學不憚艱苦者一念之誠總爲愛國凡人生天地間疇不知自愛其國然吾觀諸生愛國之念更比別人親切一層何言之蓋我中國所以到此貧弱地位總由不知學問諸生能講求學問豈不是愛國最親切之人故我願將爲學大旨爲諸生演說世界之變遷到今日

而極凡中國從前所謂訓故詞章各種舊學皆無所用於世然諸生要知我中國舊學原不是無用所以見得無用者只爲從前世界未曾繁賾到今日地位我此次新從歐洲來略考其政治法律工藝商務格致各種學問大概始知西洋各國學問宗旨總不出知己知人殫精求勝八字然要立此八字之根基實不外我中國聖人所謂求己兩字然此求己兩字不獨我中國聖經賢傳曾經詳言卽就現今世界上各教門宗旨而論佛氏所謂治心去淨塵垢卽是求己耶蘇謂起一念卽作事之基卽是求己回教所謂堅忍果毅亦卽是求己天下未有不求己而能治人之人孔子言不患莫己知求爲可知也若能求爲可知學問到極精極專地步自有人知之一日方今時事艱

難凡急於求治之人動說借才異地可爲痛心吾輩學問何以不精不專至於國家萬不得已借才異地試思借才異地豈能持久韓文公言業患不能成無患有司之不明諸生諸生要知我今日演說即是他日定有人知之根基孟子曰尚志凡人立志要以遠大爲主務爲挽回氣數之人不要爲隨氣數轉移之人我中國史書不必言試攷外國各史書凡能辦大事建大功業者何一非志趣閎遠始終條理若居心有一毫憤激辦事即不能有條理所以今日爲學總要期於遠大不要空存憤激之心縱橫數萬里上下幾千年能成一開氣化盡美盡善第一等人此方是求己眞正學問我不若人固是可恥知不若人而不知求己亦是可恥然知求己而立志不遠大尤爲可恥

我見諸生苦志向學此一念便是愛國我甚感激我能知諸生一片愛國之苦衷可見我
皇太后
皇上實洞鑒諸生一片愛國之苦衷然則諸生現在此力學一味求己已有人知將來學問成就國家斷然大用諸生愛國國家愛才上下情通便可造成一盡美盡善開化世界往事不必論切切實實望前做去我自己無才無學愧對諸生然所望於諸生者言盡於此謂予不信證諸異日諸生諸生千萬勉勵演說畢諸生恭誦答詞余復畧與周旋遂歸寓申正赴上野勸工廠一遊晚吳京卿汝綸來見吳安徽桐城人歷佐曾文正李文忠幕澹於仕進工爲

古文辭承其鄉先賢方姚二先生之師法而不事壘守洵東南之耆儒也余以古文一道在今日幾成空谷足音綴學之士誠知殫精於此何患不因文以見道今見吳君殊可喜因留之飯暢譚數時而別

初五日巳初刻往觀武備學堂午正歸寓設晏請宮內省外部在行宮照料諸君未初席散往觀赤十字社社長小松宮王妃導觀病院各處精潔周詳無微不至深可忻佩案十字社肇自西歷一千八百五十三年俄國邱里嗎也之戰有英女士名那伊聽牙兒發慈善博愛之心率部下之女身踏戰地親爲救護當時尙未能感動世人迨西歷一千八百五十九年有義國騷爾弗里諾之戰義奥法三國數十萬軍連戰數日夜交鋒原野死傷無算是時

瑞國人有名阿里里柔南親入戰地目覩傷病者困苦之狀卽著一書布告以激發世人博愛之念於是瑞國有名毛阿尼曳創設一社議定傷病之救護方案乃現今泰西諸國所有赤十字社之嚆矢也後至西歷一千八百六十三年同志之士遂開萬國會議議訂救護之法曰凡在戰時救護傷病者與其專自任勞不如衆力合一之便且大也衆議一決諸國競與此社遂使列國政府聲明軍隊衛生者實係中立無關戰鬭爰訂萬國公約卽赤十字社條約也條約云凡戰地傷者病者及救護之人幷其房屋什具無論是否敵國彼此一視同仁均不能加兵侵害俾可盡其救護之美所以赤十字社之約能互守不渝而其赤十字以爲萬國共用爲標識者蓋由瑞國始創救

護會之故按瑞國旗號赤地畫白十字形萬國遂議轉白地畫赤十字爲社之旗號後毛氏以其社主旨擴告萬國自稱萬國中央社以斡旋各國赤十字社之交通而各國亦募集博愛慈善之士爲社員大修豫備社資數百萬以應臨事至日本救護戰陳傷患之事啓自明治十年西南擾亂之時創痍無算是時三條岩倉兩公爲主勸奬宗族諸親佐野大給兩議官贊同進創立一社謂之博愛社其後日皇詔書褒勉復有有栖川宮親王小松宮親王及各職員議員竭力贊成明治十九年遂有尋盟西國赤十字社之事改稱日本赤十字社得與瑞國日內瓦萬國赤十字中央社交通小松宮親王總裁社務改撰職員議員又有橋本軍醫監盡心設法講究看護救療之道開

赤十字社病院又有栖川宮王妃小松宮王妃襄贊另開篤志婦人看護會以赤十字社主旨廣佈天下兹攷其社則共十九條一本社主見名稱及本部所在二由日皇皇后保護三日內瓦條約四平時及戰時事業五社員六總裁七監督八職員九地方委員及支部十常議會十一總會十二資金十三物件十四寄捐十五褒賞十六戰時常議會及派出戰地理事員十七年報十八記章十九更正社則此外別有附言縷析條分極爲美備精詳余惟戰陣之間不重傷不禽二毛著於傳記實卽古時之公法中國誠能仿設此社未始非仁民濟物之大端也復詢是社經費由捐貲集腋而成余特捐洋五百元以贊助之觀畢歸戌初赴外務省大臣小村壽太郎之約同座以外

部官爲多酒半小村舉觴致頌情詞懇摯余敬謹答詞小村亦欣納席散後復入別室暢譚子正始歸行宮

初六日早日皇遣宮內官送余桐花大綬寶星并參隨繙譯等各寶星外另贈參贊陶大均磁瓶一對蓋陶於去年已得四等寶星以差使等級論無可再加故另頒珍物亦各國之通例也爰發外務部電一件請代奏明巳初留學生良弼來見良係宗室英邁有志决爲異日大用材巳正赴大學堂觀醫科剖治學人類學地震學其壁間表識云中國測地動機器始見於後漢張衡傳余按漢陽嘉元年張衡造候風地動儀圓徑八尺形如酒尊外有八龍首銜銅丸下有蟾蜍張口承之地動尊則振龍機發吐丸蟾蜍銜之振聲激

揚何者因此覺知乃歎考据之學外人亦未嘗不精也惜以怱促未及徧觀

午刻赴文部大臣之晏在植物院地極幽秀攬山水之勝小亭著花菲菲郁

郁飯畢復延賞數刻出觀盲啞院院長導余入學生列坐盲者以機寫字作

頌詞畧謂中國漢唐以來文學之支與流裔被及日本因得稍稍窺知學問

徑涂彌爲感戴洎於今兹泰西學派東來學生輩得借西人之機器以爲目

並借西人之機器以爲口深望中國亦仿建盲啞院俾殘廢之士亦能嚮學

通知古今不勝大願余奬勵之特書彌綸造化四字匾額以贈院長並捐助

銀四百元出宫内官陪余往聽古樂觀舞設台如中國制樂器瑟笙簫鼓琵

琶五事節亦按板其聲希淵静有致甫聽樂一闋宫内官告余曰此更衣樂

也迺日本上古風俗稱催馬樂爲歌謳之一種又聽一闋宮內官告余曰此三臺鹽也唐武后所作帝及皇后儲君居三臺開春晏時奏此曲故名三臺鹽旋觀舞一折宮內官告余曰此承和樂日本之古樂也仁明皇承和年間開菊晏敕三島之武藏大戸之淸上等作此故名承和樂又觀一折宮內官告余曰此還城樂也唐元宗誅韋后還京師作此曲故名還城樂一名見蛇舞說者謂西域之人好食蛇求而得之喜而作舞模其姿樣故名見蛇舞云余因詳詢日本制樂源流宮內官復告余曰日本樂藝之起自天鈿女命之皇祖天照大神御前歌舞以來猿女君氏世代掌神樂之事又神武皇征服中州時命道臣率引來服部誅八十島師用歌謠以奏其績稱爲來自舞此

外有東遊大倭舞神樂風俗催馬樂等歌舞皆日本國風之雅樂也又允恭皇四十二年正月新羅王來船八十艘貢各種樂人樂器是他邦樂部入日本之始後經百有餘年欽明皇之十五年二月百濟王奉皇命貢樂人施德三金等四人推古皇之二十年百濟國味摩子來朝傳中國之伎樂爾後高麗任那漢唐諸國之樂相次東來文武皇之大寶年間於治部省設雅樂寮設唐樂師高麗樂師百濟樂師新羅樂師等職員各從事於其律大寶二年正月文武皇宴於西閣奏五常樂太平樂載於史册聖武皇時天竺林邑國之僧佛哲師等來歸化傳樂舞八曲於今尚存仁明皇時及承和年間遣伶人尾張濱主大戸清上赴唐博習樂章又承和五年遣使藤原貞敏至唐就

琵琶博士廉承武於揚州開元寺北水館學琵琶携樂譜歸朝承和十二年唐之非陽縣人孫賓攜箏與樂譜來日本當是時樂人多奉敕製樂舞洋洋盈耳於是唐樂高麗樂與日本國風之歌舞俱爲朝廷之祭式禮典不可缺千有餘年迄於今日從事樂官世襲其業隷屬於帝室是以累葉弗替焉余因命參贊陶大均詳錄之用資攷證晚歸行宮設宴請柴五郎諸君子正息初七日早往觀銀行日本銀行創於明治十六年其資本金一千萬元謂之中央銀行設於東京各府縣首邑各設分行與他處各銀行亦得匯通余先至交換所該處猶北京之銀市爲商家總匯之所每日各銀行遣人至交換所核算行使鈔幣若干即便登記以故各商家欵項出入盈虛官銀行無不

周知洵理財之第一關鍵也旋至銀行房屋閲敝銀行總裁副總裁迎於門
偕入譚財政大概余詢以日本鈔幣始何時答曰始於明治七年至二十三
年民間鈔票始概行停止詢以彼時禁止民間鈔票有無阻礙答曰無阻礙
緣以商家虧損息款概作爲國家借款也惟此事經理務在得人偶一不愼
商政從此顚倒錯迕流弊無窮復詢以國家豫算之法儻核計來年所入不
敷所出不敷之款若何彌補答曰此難預定或借國債或借洋款出股票均
臨時酌辦復詢以商家存款當提款時係商家任便支取係由銀行核定答
曰須由銀行核定因出示五色表一紙上列銀行存本爲一格商家存款爲
一格民間存款爲一格又與各洋商往來出入款爲一格閲畢總裁導游其

稽察銀幣所並閱庫藏庫穴地爲室重門複檻用機一開電燈倐爾照燿庫門外均有小鐵道款項收發悉循此軌金銀存數俱有表識曲折行約百武出後門外環重牆守藏者告云此貯自來水所以防火灾也又東行數武登樓爲覈計國債所銷算紙幣處管護民間存款所各國金銀式樣及各國銀行章程又觀其商民承領息金處則男女稚子均在彼候領又觀其議事廳游覽既畢余因喟然思程明道先生作宰於民間一名一物無不周知今立銀行則不特國家出入之數暸若指掌卽商家貿易之盈虧閭閻家計之多寡亦靡不立見國家舉辦一事能合衆人之力以爲力血脈流通生機詎有不暢遂者耶出往游刷印局局長先導游印報處有官報數種略如北京邸

鈔次游印票處則郵票印花總薈於是又游活版處刷版處調紙處活版處排字大小千百頃刻可成刷版處印字諸色藥水俱備局長試驗化學染水之法先置黃色水於瓶攙以藥水少許成紅色又攙少許成青色再攙少許成黃色蓋其變化之質視藥水分量之輕重以爲轉移水銀之成紅質即是理也至其印報之法尤爲便捷機長十數丈此端置紙旋至彼端反正均已印全摺疊亦無不如法可謂精妙其各處所用女工俱立而不坐每司一事壹志專心目不邪視尤爲可敬游畢局長請觀演水龍以時匆促辭之歸行宮飯後赴橫濱正金銀行之約並橫濱領事暨衆華商之約子正始回東京竟日酬應蓋倦甚矣

初八日巳初由上野坐火車赴日光華頂博恭王梨本守正王及各大臣宮內各官咸至車站來送午正至宇都宮換車地方知事迎於車站申初至日光即至德川將軍家廟一游廟極華美蓋德川氏二代初執政權極重時也其墓即在廟後山上高三百餘級賈勇登觀晚宿於金谷洋式客寓臨溪面山泉聲盈耳心神爲之一曠焉攷日本政治以國務各大臣組織內閣內閣總理大臣班在各大臣之首奏宣機務承旨以統一行政各部開閣議以決重要事項內閣各大臣曰內閣總理大臣曰內務大臣曰外務大臣曰大藏大臣曰陸軍大臣曰海軍大臣曰司法大臣曰文部大臣曰農商務大臣曰遞信大臣內閣中置書記官長承總理大臣之命以管學機密文書統理庶

務賞勳局法制局恩給局統計局印刷局五局均隸於內閣又有樞密院曰
皇親臨以諮詢重要國務之所也以議長一人副議長一人顧問官二十五
人書記官長一人書記官三人組織之帝國議會合貴族院衆議院兩院而
成貴族院議員有五種一皇族二公侯爵三伯子男爵各自其同爵中選舉
之四有勳勞於國家者又有學識者特勅任之五於各府縣之納多額直接
國稅者之中互選一人而勅任之皇族之男子成年方列議席有爵者滿二
十五歲乃得爲議員貴族院奉答日皇之諮詢又議決華族特權之條規其
他依議院法之條規開會議之議長副議長由議員中勅任之任期七年至
衆議院議員則於各選舉區中選舉之帝國臣民男子年齡滿三十歲以上

者有被選舉權其有選舉權者凡三一帝國臣民男子年滿二十五以上二於造選舉人名簿之期前滿一年以上納地租十元以上又滿二年以上納地租以外之直接國稅十元以上或地租及其他之直接國稅合計十元以上猶續納者議員之數据衆議院議員選舉法東京府十六人京都府八人大阪府十三人神奈川縣七人兵庫縣十四人長崎縣八人新潟縣十四人羣馬縣七人千葉縣十人茨城縣十人栃木縣七人奈良縣五人三重縣八人靜岡縣十人山梨縣五人滋賀縣六人歧阜縣八人長野縣十人宮城縣七人福島縣八人岩手縣六人青森縣五人山形縣八人秋田縣六人福井縣五人石川縣六人富山縣七人鳥取縣三人島根縣七人岡山縣九人廣

島縣十一人山口縣八人和歌山縣六人德島縣六人香川縣六人愛媛縣八人高知縣六人福岡縣十一人大分縣六人佐賀縣六人熊本縣九人宮崎縣四人鹿兒島縣九人北海道廳六人沖繩縣二人計三百六十九人

初九日早坐小車遊日光山自客寓緣山澗行瀑布淲淲聲不絕過大橋隔澗有石佛數十森立行數里有村市田疇植菜蔬雞犬閒閒又行數里已至山中仰視高峰雲氣蓊蔓上與霄接兩旁樹木陰森一片秋聲與瀑聲相和自是路稍滑撻又行數里至馬返小池渟澹居民植菊數本風景猗幽自馬返行山徑盤紆車夫傴僂蟻旋上瀑布灑漫時從石隙迸濺延屬九層行數里許爲劍峰又盤迤六層行數里許爲華嚴爰觀大瀑布寬約二丈許長七

十丈許烟雲繚繞其間奔騰淜湃洶旭如雷鳴日人有華巖瀑布歌刻碑上迤邐行至中禪寺登臨湖樓湖長十八里居山之巔蓋係山穴流瀑而成河深亦數十丈居民垂釣意閑如也樓上飯罷泛小舟舟人網魚以獻余賦詩紀遊戌初歸廣市長放烟火以致敬案日本財政租稅分二種由國家直接徵收者爲國稅由地方自治體徵收者爲地方稅又別有市費町村費由市及町村支辦經費國稅以支國家公用地方稅以辦地方事宜國稅科目中稅額最鉅者地稅約四千七百萬元酒稅最多時約五千五百萬元次則海關稅一千六百萬元營業稅五百八十萬元所得稅五百萬元共收國稅一億九千四百萬元此外收官業郵便電信約一千八百萬元烟葉專賣稅約一

千萬元總計二億五千五百萬元若夫國家歲出之數與歲入之數無大差別查明治三十三年支出各費計皇室費三百萬元外務省二百十八萬元內務省一千三百五十三萬元大藏省四千九百七十一萬元陸軍省三千七百三十萬元海軍省一千七百五十一萬元司法省四百八十八萬元文部省四百四十七萬元農商務省二百二十八萬元遞信省一千七百五十萬元各省經常歲出費共一億五千二百四十萬元臨時加增費一億零二百十四萬元兩共二億五千四百五十四萬元至地方稅之賦課分四種一曰地稅二曰戶數稅三曰營業稅四曰雜項稅各府縣收入稅項卽支辦府縣諸費如警察費敎育費土木費衛生費是也三府四十二縣之地方稅約

共四千六百萬元支款約四千萬元大藏省官理財之法總以歲計豫算爲大要比較經常臨時出入增減之數羨者儲之虧者益之無差忒也

初十日乘火車回東京仍住上野精養軒蔡星使請晚餐因憊甚辭之案日本貨幣當維新以前各藩財政不同通貨之制亦異德川政府發行現款謂之硬貨凡三種一金貨二銀貨三銅鐵諸錢硬貨之外各藩及旗下各於領地製造楮幣有金札銀札錢札米札等目全國各藩發行種類甚多不下千六百餘種迨慶應四年新政府知貨幣之必當改正也於是革改舊制取各國之良法折衷日本之舊例命鑄造新貨舊式方形改爲圓形其價名採用十進一位法定新貨之種類凡三金貨銀貨銅貨三品是也明治三十年前

咸用此制自三十年十月以後始改用金貨統計自明治三年至明治三十二年鑄造各種貨幣數目共四億三千九百八十萬元內金貨一億八千五百八十六萬元銀貨二億三千三百一十七萬元白銅貨八百十九萬元銅貨一千二百四十一萬元至於紙幣由政府頒發者凡十種百元五十元十元五元二元一元半元五十錢二十錢十錢其初創設國立銀行發行紙幣因國用多端出幣日夥至明治十二年有一億四千六百五十萬元之數物價騰貴硬貨與紙幣其價懸殊至明治十七年設立日本銀行頒發兌換銀行劵他行紙幣減少明治三十二年紙幣二百餘萬元銀行紙幣減少至六十萬元兌換銀行劵流通有二億二千七百萬元硬貨發行數目四億三千

八百六十萬元故以日本現行紙幣與硬貨合計凡六億六千八百萬元
十一日卯正由上野至新橋火車站上火車小村外部大臣及珍田長官來
送酉正至濱松宿焉寓於大米屋係日本舊式頗精潔濱松爲靜岡縣屬知
事來見遂留共飯攷日本軍政凡國民十七歲至四十歲之男子皆有服兵
役之義務兵役有四曰常備兵役後備兵役補充兵役國民兵役常備兵役
又分爲二曰現役曰豫備役現役者陸軍三年海軍四年滿二十歲者服之
豫備役者陸軍四年四月海軍三年現役終者服之常備兵役終者服後備
兵役五年其軍事上之最高顧問爲元帥府以陸海軍大將補之現爲元帥
者爲陸軍大將侯爵山縣有朋陸軍大將小松親王陸軍大將侯爵大山巖

陸軍大臣管理軍政統轄軍人軍屬又有參謀本部參謀總長以陸軍大將或中將補之直隸於日皇參畫帷幄之軍務掌國防及用兵一切之計畫又有教育總監部教育總監以陸軍大將或中將補之統督各兵監管轄陸軍各學校又有東京防禦總督部任東京之防禦又有東部中部西部三都督部任所管之防禦並各師團共同作戰之計畫其陸軍軍人之員數兹據最近者攷之計將官及相當官百十九人上長官及士官八千三百四十一人下士三萬四千七十四人卒二十六萬八千七百五十四人其他四千五百二十八人合計三十一萬五千八百八人

十二日辰起濱松製西洋樂器場及音樂學堂生徒攜樂器來奏技巳初即

乘火車赴西京行抵車站小松親王並地方各官至車站來接情意可感小松親王有事來此本擬今日回京聞余至特留並約明日陪游各處是夕宿京都客寓甚閎大此屋成於光緒十七年因今俄皇爲太子時來游而造也攷日本海軍之制海軍大臣管理軍政統督軍人軍屬又有海軍軍令部軍令部長直隸於日皇贊帷幄之機務參畫國防及用兵之事又有橫須賀吳佐世保三鎭守府鎭守府司令長官直隸於日皇統率麾下之艦隊艦船部團體監督所屬各部總理府務計現在各軍艦所屬橫須賀鎭守府有朝日初瀨等艦計二十一艘吳鎭守府有三笠八島等艦計十九艘佐世保鎭守府有敷島富士等艦計十九艘是外橫須賀鎭守府有水雷驅逐艦三艘水

雷艇八艘吳鎭守府有水雷驅逐艦二艘水雷艇五艘佐世保鎭守府有水雷驅逐艦五艘水雷艇十艘合計三十三艘總計噸數四千四百七十七噸又配置艦團隊之人員通常備艦隊三鎭守府艦隊三鎭守府海兵團三鎭守府水雷團竹敷要港部凡將官六人上長官二百六十九人士官五百六十人候補生百九十三人准士官三百九十九人下士三千四百八十七人卒一萬六千七百四十五人合計二萬一千六百六十九人

十三日午初回拜小松親王往瞻日本舊皇宮規模甚樸簡有紫宸殿殿壁繪漢名臣像云是唐時人手筆復往游德川將軍府第宏麗過皇居足見當年威力也午後小松親王來約觀武德會先令生徒演蹈水能在水面放槍

身藏水底聞生徒能在水上行五六十里吁可畏哉此他日海軍之奇才也
復觀生徒舞刀內有女生徒對舞年皆十三四咸名門閨秀又演習超乘騰
驤繞獵有六齡童子亦能騎厭躡如法絕不衝踔是豈異禀教之得其道耳
小松親王復導觀織絨布場諸色咸備主人贈布數疋晚小松親王招飲於
中村樓在山半風景極佳考日本刑政司法大臣監督裁判所及檢事局指
揮檢察事務管理民事刑事非訟事件戶籍監獄及出獄人保護事項暨其
他司法行政事務裁判所有四種第一區裁判所第二地方裁判所第三控
訴院第四大審院各裁判所置判事幷附置檢事局凡對區裁判所之判決
而上告者地方裁判所裁判之對地方裁判所之判決而上告者控訴院裁

判之對控訴院之判決而上告者大審院裁判之大審院之裁判爲終審明治三十一年大審院民事上告件數舊受二百九十九件新受四百七十四件合計七百七十三件其結果棄却二百六十一件破毀百六件所下百七件合計四百七十四件未決二百九十九件其結果事件之種類人事三十九件土地百四十二件建物船舶三件金錢二百二十一件米穀十一件物品九件證劵八件選擧事件二件雜事三十九件合計四百七十四件又各區裁判所新舊受理合計十四萬七千五百十七件判決及其他之結果合計十三萬一千八百九十二件未決一萬五千六百二十五件警察則於東京置警察廳警視總監受主務大臣之指揮監督管理東京府下之警察消

防及監獄事務各府縣置警察部警部長隸於知事處理各管內之警察事務通警事廳幷北海道廳各府縣警察署之數七百二十五警察分署七百十五派出所及交番所一千二百十九駐在所一萬一千三百二十五警察官則警察部以上二千二百十九人巡查二萬八千四百十六人合計三萬六百三十五人每一警察官當人口一千四百二十七人之均數監獄通東京及各地方之數凡百三十七其職員典獄五十六人監獄書記五百二人看守長二百九十人監獄醫二百四十六人看守八千四百三十七人女監取締四百三十四人押丁五百九十六人教誨師二百十人授業手三百八十八人傭六百九十六人合計一萬一千八百五十五人

十四日至西京市上觀製陶器織綢緞場綢緞極佳惜色雜不合中土之用
赴商島屋觀繡畫購買數種登清水寺西京全境在目日本之建都於斯也
由奈良遷此距今千一百年一切制度咸仿唐制故有東洛西鎬之目爲考
日本地方制度有府縣設之區域郡市及島嶼隸爲府縣爲法人受官之監
督於法律命令範圍之內處理其公共事務並依從來之法律命令或舊慣
及將來之法律敕令處理其屬於府縣之事務府縣中置知事在內務大臣
指揮監督之下監督其所部之官吏遇各省主務之事則受各省大臣之指
揮執行法律命令管理其部內之行政事務又設府縣會以爲自治之機關
其議員之選舉區依郡市之區域府縣之人口未滿七十萬者議員以三十

人爲定額七十萬以上者百萬未滿者每加五萬則增一人百萬以上每加七萬則增一人又置府縣參事會以府縣知事府縣高等官二名及名譽職參事會員組織之名譽職參事會員府八人縣六人於府縣會議員中選舉之府縣之下有郡市郡之下有町村市之下有區郡市區町村皆有長有會議員但市之下分設區者惟東京大坂京都三市各府縣置知事書記官警部長參事官視學官警視技師典獄屬等職員北海道則置道廳長官事務官警部長支廳長參事官視學官警視技師典獄等職員處理其管內之行政焉

十五日辰坐火車赴奈良奈良爲日本故都多古寺寺中收藏經典極夥惜

匆匆不及觀在菊水樓午飯樓外卽公花園有鹿數百頭見人不避極馴擾飯後登車酉刻至神戸衆華商招飲於中華會館日本官商咸集約六七十人華商放煙火爲樂晚宿於諏訪山西常盤樓背山面海時值仲秋月光炤映海中與緑波一色子正始息考日本教育之法自維新以來視玆事尤重明治初年於西京興大學寮凡舊幕府所有之學校一律重修江戸鎭定之後復興舊昌平黌醫學所及開成所集四方之學者置學官設府縣學校取調局史料編輯國史校正局於昌平黌置繙譯局於開成所復改昌平黌爲大學校然大學以下學制各地風氣不同規制互異於是始編制大中小學之規則明治四年廢大學置文部省統轄全國教育之事創建師範學校女

學校書籍館博物館尋頒布學制特下諭旨指示教育之方普及全國彬彬乎學校如林矣明治十年建東京大學設法理文醫四學部是爲教育一進步至明治十九年大設改革頒帝國大學令設帝國大學及大學院於東京次設帝國大學於西京依師範學校令設高等師範學校於東京廣島置師範學校於各府縣置高學校於東京仙台西京金澤熊本岡山山口等處設中學校及高等女學校於各府縣依小學校令計畫初等教育之事於是商業學校工業學校農林學校醫學校農學校徒弟學校實業補習學校技藝學校女學校其他私立諸學校自東京及各處靡然向風矣計現在學校之數全國二萬八千餘校教員約八萬四千人教養學生約五百二十萬人各

種小學約二萬七千校教員八萬人生徒四百九十萬人中學約二百校教員二千六百人生徒約六萬四千人師範學四十七校教員八百人生徒一萬人其他別有專門學校各種學校女學校共計各學校每年經費約二千萬員學校之外各府縣又設立幼稚園全國二百二十餘處又設圖書館自東京及各府縣共三十餘所其圖書數目約五千餘萬册以上圖書之出版尤盛每年平均約二萬五千部又新聞雜誌東京一處可出二百餘種每年發兌在一億七千萬部以上通計全國七百五十餘處一年可發兌四億三千萬部民智日開蓋由於此

十六日辰刻乘火車至大阪大阪府代理知事大阪市長均迎於車站備有

茶點並令女學生插花於瓶陳列客廳猗靡扶疏頗具意匠蓋此間工養花專有教師指敎大家閨秀以爲陶情養性之助是日各女學生咸來見少坐赴住友銅廠日本銅廠以足尾住友二家爲最巨凡有銅器廠中無不製造午刻在自由亭午飯府知事請各畫家面寫屏扇以贈余觀自由亭臨江不甚寬闊知事告余曰大阪商務爲日本之冠而海船僅達神戶轉輸不便現市民集金千六百萬元修築馬頭二年後海船亦可至此矣飯後赴閱造幣局此局本造銀元銅錢自改用金幣後現造金幣重與英鎊同銀幣祇造五角以下局規模闊大辦事秩然有條每造一金幣須經數十道手故所製精美而僞造者無從肆其技也酉初赴大阪城城中現駐第四師團陸軍有造

軍器廠城爲明時平秀吉所造城墻以石砌成其大者方四五丈登城四望全市在目烟筒環列密於叢木可見製造廠之夥矣酉正返神戸設讌招地方各官飲子正登火車赴廣島地方官咸送於車站余閱日本學校管理法問答喟然思我中國先王敎人之法其本在於端倫紀修道德而其操存持守之大要不越乎言行之間蓋所以制品詣而淑性情者實爲士大夫之本務今觀日人所論學校管理之目的與我古人敎法抑何其相近也其言曰所謂學校管理之目的者何一曰保其秩序以補佐敎授之功力二曰訓練意志以養護品性之發達以二者之輕重較之以訓練意志養護品性之發達爲重何則涵養德性爲敎育上最要之事與敎育上之一切事情俱有關

涉故即據小學校言其教育之旨趣在修練兒童之心意以保全其知識道德使他日離學校進社會各從其職業之時能修其素行勵其實業發揚尊王愛國之志氣成忠良之臣民故發揮兒童自治之精神與發達自制之能力實爲管理之要旨然自治之精神與自制之能力當循序漸進始能獲效此章程一節所以爲學校中至要之件使學校中之外情內狀果井然有條則生徒之心身發達易而進步亦速惟既能自制其身自規其行而於飲食空氣之供給運動游息之適宜亦不得不加之意焉然後得養成其自制自治之習慣而使心力體力俱爲有用之物誠哉是言教術之本原道德備於斯矣抑余又聞日皇之敎其國民尤兢兢以倫理爲重蓋自明治二十三年

以前西學播傳有風行草偃之象人人惟以啓發智識爲急而於德義之方則與從來異其趣或云國家主義或云儒教主義或云泰西主義無道德一定之標準遂於德育之點缺如日皇爰於二十三年十月頒詔以定臣民之分緣督人倫俾父子兄弟夫婦朋友各有所遵守道德之基礎遂堅民間亦頻論道德或撰男子品行論或撰女德論如福澤諭吉之修身要領足裨風教而岡本監輔所著鐵鞭西學探源二書尤爲中正平實余因喟然思我中國古者教人之法務在端倫紀修道德今考東人教育之法抑何其相近也論語首章言學次章即言孝弟而以犯上作亂爲戒孟子首章言未有仁而遺其親未有義而後其君道無古今中外一也學亦豈有古今中外之殊有

志之士共諒余言

十七日辰正至廣島第五師團長山口中將率僚屬並地方官迎於車站余赴旅館少息午正山口請觀兵士操演爲西國待國賓最重之禮操畢山口設宴於司令部席間起視以兩國交際益望親密余以前年聯軍入城時山口曾有保護京城

宮殿之厚誼因舉醆答頌謂此次來游貴國蒙大皇帝及各官格外優待足徵兩國交際親密之証實爲感謝余來廣島敬問山口將軍起居並謝前歲保護盛情頌既舉座皆拍手歡呼飯畢縣知事江木導游縮景園園爲故侯淺野邸倣西湖景構造略縮小故以名戌刻知事各官咸來旅館同飯江中放

煙火以致敬情意甚殷余因捐金二百元以爲學校之費藉酬各官接待之情此地離宮島甚近宮島爲日本三景之一地方官本請余宿宮島因有瘟疫仍宿廣島案日本外務省官制據明治三十一年十月敕令共十條一關於外國政務之施行在外洋本國商事之保護及外國在留本國臣民之相關事務與派遣外交官及領事官等俱歸外務大臣整理監督二於大臣官房已揭通則之外而於駐在本國之各國外交官領事官外國人叙勳條約書保管及文書等繙譯事務俱由外務大臣掌管三外務省專任參事官二人專任外務大臣秘書官二人專任書記官五人以爲定員四外務省置二局曰政務局通商局五政務局專掌關於外交事務六通商局專掌關於通

商航海及移民事務七外務置繙譯官四人奏任從事文書繙譯八外務省屬以六十人爲定額九外務省置繙譯官補六人判任皆承上官指揮從事文書繙譯及通譯等事十外務省置技手二人承上官指揮從事電信事務此爲職掌大綱至一切分課規程及公文書類取扱規程記錄文書編纂規則備極詳審其締結通商航海條約者二十一國曰中國亞美利加合衆國英吉利國俄羅斯和蘭佛蘭西葡萄牙德意志瑞士比利時意大利丹麥諾威瑞典西班牙澳地利匈牙利秘露韓暹羅墨西哥伯剌西爾公果其中置設公使館者若中國若英若俄若美若佛若德若澳兼轄瑞士若意若和蘭兼轄丹麥若韓若墨兼轄秘露若暹羅若伯剌西爾若公果若比利時又領

事館所在之地中國在上海天津廈門芝罘牛莊漢口蘇州杭州沙市重慶福州韓國在釜山元山仁川京城木浦鎭南浦馬山英國在倫敦英領地在香港新加坡孟買喜德尼通司威爾希亞脫爾晚香坡暹羅在盤谷美國在紐約桑港塔馬科希加科美領地在馬尼剌呼饒路而俄領地在哥爾薩港佛國在里昂比國在安威爾斯墨國在墨西哥伯國在裏河逗堤牙奈路計三十八所此外尚有名譽領事館二十七所分館五所又於海參崴設貿易事務館一所

十八日辰刻登火車赴馬關市民因余捐學校費咸感動各戶皆懸國旗爲敬各學校生徒均出送自旅館至車站約四五里生徒排列不絕見余車過

均脫帽鞠躬各官亦均送至車站車中思此次游歷日本朝野接待情意優隆倍越恒等旅館及車馬費皆日皇發給所糜甚鉅尤覺歉然因與參贊陶大均商所以爲報陶謂可於各處學校善舉捐助若干每處或三百或二百或一百元視居日多寡爲定共以千五六百元爲率余韙其說遂令與宮內省式部官西鄉日高兩君商兩君大悅謂此舉足使吾全國永感不忘當卽電告各處申正至馬關山口縣知事武田率合屬出迎將登舟諸學校等處道謝復電已至足見日人辦事之速酉正登新裕輪船余發日皇一電深道感謝衆告離國日期並發外務部電一件告知抵京日期西鄉日高來告別均有依依不舍之誼戌初展輪出馬關口按日本鐵路創設於明治三年始

興造於東京横濱之間長十八英里至明治五年告成其後陸續修造有東海道信越奥羽北陸北海道等線又民間私設鐵道公司凡重要之處無不徧設計現今鐵道廳及私設鐵道公司共五十八線路百餘延長五千九百六十英里開行約三千七百英里鐵路資本已至二億六千七百萬元每日由鐵道運貨搭貨殷軫不絶據明治三十二年鐵道乘客總數得一億二百二十六萬人物貨數量約一千二百萬噸此爲乘客貨物至貨金約在三千八百萬元以上每日均平計算由鐵道往來旅客二十八萬人貨物由鐵道運送者三萬二千八百萬噸可收進款十萬五千元亦可知交通運輸之利溥矣

十九日舟行平攷日本礦政全國鑛山所在多有近仿西法開採出產日增鑛業遂驟旺現今已開之地有五千三百處鑛區面積共五億坪鑛產之數可得四千萬元故政府於札幌盛岡東京大阪福岡五鑛山特設監督署綜其事稽其所產一曰銅日本本爲世界產銅之國最近出產數月得三千五百萬斤占全球銅產十二分之一考明治八年僅出四百萬斤今已增至三千五百萬斤國中產銅之區一足尾得九百二十萬斤次阿仁得六百五十萬斤三別子六百萬斤以上三處占全額之七其日向五木等處則遠不逮矣二曰鐵世人皆以日本無鐵此說考之未審蓋日本地質原極精密故鐵鑛實甚富有岩崎縣釜石鐵鑛可出四百二十一萬噸之銑鐵加以近旁仙

人岡有一大磁鐵鑛床以是製銑可得二百二十三萬噸故釜石近傍有六百五十萬噸此外别處考查約可產九百四十萬噸之銑鐵三曰煤煤爲日本鑛產之第一最近產額得六百七十萬噸其價二千五百餘萬元嗣後產額尚可增多考明治八年僅得五十七萬噸不過現今十二分之一十六年始有一百萬噸二十一年有二百萬噸近則又加二倍有餘其消數國中每日需用一萬二千噸每年需用四百三十六萬噸於此足徵工業之盛然較諸英國則已瞠乎居後查英國每年產煤共二億二百萬噸用煤共一億六千五百萬噸每一日計消四十五萬噸是日本一年消數尚不及英國十日之額然而日人於礦政一事物圖而授慘澹經營其進步殆未可限量也

二十日過登州境風波大作余向不暈浪至此亦不能支臥少頃攷日本農業頗知本事全國農民現約二千二百萬人地適米穀故自古稱瑞穗國每年出米可售四億六千八百萬元麥可售一億八千八百萬元粟可售一千六百八十萬元大豆可售四千六百萬元小豆可售七百七十萬元蕎麥可出九百萬元黍可出一百五十萬元稗可出三百六十萬元甘藷可出四千九百萬元馬鈴薯可出三千三百萬元甘蔗可出一千二百八十萬元茶二千三百萬元烟草可出四百五十萬元合計地產共有八億六千三百九十萬元又其土性宜桑故蠶業繭爲第一運赴外國生絲近年約二百萬石明治三十年售價五千五百六十萬元三十一年售價四千二百七十萬元三

十二年售價五千九百七十萬元三十三年售價四千四百七十萬元是爲日本出口貨第一綿每年出產約七百五十萬貫每貫重合八兩而人民需用甚夥不及十分之一且進口綿價甚廉故產額日減而進口日增明治三十三年約有六千萬元此外綿絲綿線之進口者約一千七百萬元綿類進口約共七千七百萬元之多每人約需一元八角是爲進口貨之第一麻每年出產三百六十萬貫不足於用故每年由中國印度比律賓進口者約百三四十萬元漆爲中國特產而日本漆尤良美市中陳列漆器靡不精緻適觀攷其漆汁收穫之額總計木數五百二十七萬一千一百十四本製造戶數一千七百二十三家每年汁量可得四萬貫尚不足用故由中國進口漆

汁歲需五十萬元合計日本各種物產可得一億五千七百七十萬元加食用農產共約十億二千七十萬元以人口分配每人可得二十三元八角

二十一日風仍不息舟行甚緩亥正始抵大沽口攷日本政府維持商務甚力其言曰商業應人之需用爲供給者與需用者之媒介也今之時勢實當商業變革所謂商業界之彗星年也兹特軒言其機關事狀蓋有數端一曰商業會議所以謀商業之興旺多於商業繁夥街市設立之其會員由其地紳商充當通計全國五十六處會員約一千七百人二曰銀行以握通融之樞紐中央金庫有日本銀行外國匯兌有橫濱正金銀行貸助實業有勸業銀行預金貸付如泉之流計全國銀行共有一千八百所銀行資本共二億

六千餘萬元三曰公司以攝商力之萃聚日本全國有七千餘公司皆爲農業工業商業水陸運輸起見合資而成計資本共六億二千萬元其中最多者爲大阪有六百五十公司資本一億二千萬元東京五百四十公司資本三億八百萬元其他府縣各處公司資本無一億元以上者計神戸六千萬元福岡五千五百萬元京都三千五百萬元愛知三重岡山靜岡千葉奈良等各府縣公司則均在一千萬元以上至國中所設外國貿易之開港場以橫濱神戸大阪長崎函館五港爲大其他處曰新潟曰清水曰武豐曰四日市曰絲崎曰下關曰門司曰博多曰唐津曰口津曰三角曰嚴原曰鹿見曰佐須奈曰那霸曰濱田曰境曰宮津曰敦賀曰七尾曰伏木曰室蘭曰小樽

曰釧路共二十四港比較其歷年輸出輸入品價之額每年總有超過之數也

二十二日因水淺新裕船不能進口余易坐小輪進塘沽口攷日本海運事業其初輪船亦購自外洋駕駛一切亦均依賴洋人其後有土佐人岩崎彌太郎向外國購得舊船創立汽船公司於東京名曰郵便汽船三菱會社始在本國沿海定期往來專掌本國航海之權此爲輪船商會之權輿繼而東京起合本汽船公司名曰共同運輸會社與三菱會社並峙爭相頡頏至明治十八年十月兩社相合創立日本郵船會社又專爲航通瀨戸內海起見於明治十八年五月大阪復興商船公司開定期航海之業於是東京大阪

爲二大輪船公司實爲日本航海業之基礎此二公司之消長即日本航海業消長也日本郵船會社資本金實二千二百萬元設本店於東京設分店於內外各地共七十處共計汽船有百餘艘噸數約二十萬噸馬力有一萬五千餘往來內地者有定期赴外國者往來天津每七日一次往來朝鮮海參崴每七日一次往來歐洲經上海至倫敦每月一次往來美國每月一次往來濠洲每月一次至大阪商船公司資本金實五百五十萬元輪船約八十艘置本店於大阪純然私立公司專握關西沿岸之航權近浸至中國朝鮮各海口矣統攷日本現在全國輪船共有一千二百二十一艘噸數五十一萬餘噸又洋式帆船三千三百餘艘噸數約三十萬噸合計共四千五百

艘噸數約八十萬噸

二十三日乘火車回京逕赴

頤和園祗候覆

命

二十四日巳刻覆

命恭請

聖安仰蒙

召對數刻之久

温諭慰問至於再三感激

慈恩眷懷

聖德實無涯涘伏念載振此次奉使仰秉

宸謨得無隕越藉慰庭闈期望之思兼洽磐敦周旋之雅私衷感悚彌覺執簡欽

欽而不能自已也

英軺日記卷十二終

图书在版编目(CIP)数据

英轺日记/(清)载振著.—北京:民族出版社,2010.9
ISBN 978-7-105-11133-6

Ⅰ.①英… Ⅱ.①载… Ⅲ.①中英关系—国际关系史—史料—中国—清代 Ⅳ.①D829.561

中国版本图书馆CIP数据核字(2010)第176033号

策划编辑:虞 农
责任编辑:虞 农
封面设计:海龙视觉
出版发行:民族出版社出版发行
地 址:北京市和平里北街14号 邮编:100013
网 址:http://www.mzcbs.com
印 刷:北京市迪鑫印刷厂印刷
经 销:各地新华书店经销
版 次:2010年9月第1版 2010年9月北京第1次印刷
开 本:787毫米×1092毫米 1/16 字数:125千字
印 张:27
定 价:68.00元
ISBN 978-7-105-11133-6/D·2064(汉293)

汉编一室电话:010-64271909 发行部电话:010-64224782